Querida Camila, nadie me entiende...

Steve Skidmore / Steve Barlow

Querida Camila, nadie me entiende...

Confesiones íntimas
en forma de carta

Círculo de Lectores

5 de septiembre

Querida Camila,
gracias por tu carta. ¿Cómo va con los granos? ¡Espero que se te hayan ido todos! ¿Y la pierna de tu abuela? ¡Pobrecita, debe de haber sido terrible! Salúdala de mi parte, y también a tus padres. Desde la última vez que nos vimos no han pasado grandes cosas. La misma vida aburrida de siempre: deberes para hacer en casa, padres y ningún chico a la vista. A propósito de chicos, ¿cómo está Robert? Estoy celosa, envidiosa, me muero de rabia..., tengo que conocerlo cuanto antes (¿verdad que me dijiste que tenía un hermano?). Pero ¿en serio que en tu nuevo colegio hay tantos chicos? ¡Qué suerte! El mío es un desierto. ¡No hay ni uno que se salve! Apuesto a que estás contenta de haberte marchado.

Y hablando de colegio..., ya ha empezado: ¡Socorro! Tenemos un profesor nuevo; se llama Booth. Parece que está bien, pero no consigue que le hagamos caso: ¡casi me da pena! Michael Hemmings (aquel pedazo de zanahoria sin cerebro que me encuentro siempre entre las piernas) ya se ha metido en líos. Pero esta vez la culpa

no es toda suya. Ganduleaba por la clase, como de costumbre, cuando Booth le dijo: «¡Eh, tú, el pelirrojo, vuelve a tu sitio!». Y Michael: «No puedo. ¡Se ha sentado usted!». La clase entera se echó a reír y Booth se puso rojo como un pimiento. Después salió de la clase y desde el pasillo se oían extraños ruidos, como si alguien estuviera dándole martillazos a la pared. Hemmings fue a inspeccionar y nos dijo que Booth daba golpes a la pared con la cabeza gritando: «¿Por qué tiene que pasarme precisamente a mí?». No creo que dure mucho y, en el fondo, es una pena porque, a su manera, no es nada tonto.

Ha fundado un nuevo club en el colegio que se llama Amigos de la Tierra. Hemmings dice que como Booth es un marciano, no tiene ni un solo amigo y que necesita un club para encontrar alguno. De todos modos, no creo que me apunte porque me parece una chorrada como una casa.

El sábado me compré el último disco de los Braincell Dead: ¡es absolutamente fantástico! Lo puse toda la tarde. Según mi padre, una música como ésa sólo le puede gustar a quien no le quede ya ni una neurona en el cerebro, y por eso el grupo se llama así... Lo perdoné, pero también le dije que sus ideas eran trogloditas y que seguramente su madre decía las mismas cosas cuando él escuchaba a Glenn Miller. Seguro que lo herí en lo más hondo, porque se enfadó y me dijo que él no era tan viejo. En aquel momento entró en la habitación mi querida (!) hermanita y puso enseguida sus ojazos curiosos en el disco. Le amenacé diciéndole que si se atrevía, aunque fuera a respirar cerca de mi disco, le sacaba de la habitación. ¡La familia! Pero ¿quién la ha inventado? Ahora tengo que irme..., el montón de deberes de costumbre.

Besos,

Sammy

PD: No te olvides de que hemos jurado escribirnos siempre. Cuéntame todo, digo TODO, lo que hagas (¡sobre todo las cosas «apetecibles» que ya sabemos!). Te echo de menos.

13 de septiembre

Querida Camila,
siento mucho que hayas cortado con Robert, ¡pero este Nathan debe ser aún mejor! Estoy celosa, envidiosa, me muero de rabia..., debo conocerlo como sea. Intentaré convencer a mamá y papá para que me dejen ir a verte hacia mediados de año. ¿Tiene Nathan un hermano o algún amigo?

En la última carta ya te hablé de Booth, el nuevo profe, y del club de Amigos de la Tierra. He ido: ¡ES FANTÁSTICO! Las reuniones se hacen durante el rato que tenemos para comer, cada jueves y viernes. Al principio no pensaba ir, pero llovía que daba gusto y no podía refugiarme en la biblioteca (el jueves pueden ir sólo los de quinto), así que el único sitio donde no me iba a empapar de la cabeza a los pies era, precisamente, el club. Adolf (el director) no daba crédito a sus oídos cuando Jane y yo le pedimos permiso para saltarnos la comida e ir a la reunión de los Amigos de la Tierra. Nos miró y ¿sabes qué nos dijo? «Que Dios ayude a la Tierra si tiene amigas como Samantha Greene y Jane Miller.»

¡Qué gracioso! ¡Como siempre! Pero de todos modos al final nos dio permiso.

Booth nos explicó que los Amigos de la Tierra se dedican a la ecología, al medio ambiente y a otras cosas parecidas. Booth es un fanático de estas cosas, aunque quizá no es el chorra que pensaba. ¿Sabes? ¡Aquí todo es un desastre! Pero ¿te das cuenta de cómo estamos destruyendo el mundo? Y pensar que hasta ayer ni siquiera lo sabía. Booth nos habló del agujero en la capa de ácido y de las lluvias de ozono, nos explicó que la selva pluvial es indispensable para hacer llover y nos dijo que la contaminación está destruyendo cualquier forma de vida. ¡Es horrible! Hemos decidido crear una sección de los Amigos de la Tierra en el colegio, un grupo que se dedique al reciclaje de basuras, y también escribiremos a los periódicos para protestar contra lo que está pasando. ¡Será estupendo!

Después del colegio fui al *fast food* con Jane, Zoe y Carol. Tomamos una hamburguesa con el ketchup de siempre (¡una auténtica golosina!) y hablamos de lo que podríamos hacer para salvar el mundo. Zoe y Carol no habían ido a la reunión y por eso Jane y yo tuvimos que explicarles todo sobre ecología.

Por desgracia Michael Hemmings estaba sentado en la mesa de al lado con la orejas como antenas. Según él, la ecología es aburrida. Le dije que solamente un tontorrón como él podía pensar eso, pues la destrucción del medio ambiente destruiría también su vida. Me contestó que yo me interesaba por ella porque está de moda, y que, de todos modos, si me preocupaba tanto por el medio ambiente, ¿por qué estaba sentada aquí comiendo hamburguesas? Jane le preguntó qué quería decir con eso, pero él sólo exclamó: «CFC, la destrucción de la selva amazónica», y se marchó. Nos miramos a los ojos y estallamos en una carcajada. Es sólo un niño y no entiende nada de nada. ¡Pobrecito, no es culpa suya.

Cuando volví a casa, les conté a mis padres lo de los Amigos de la Tierra y les dije que me convertiría en una auténtica ecologista y que limpiaría el mundo. Mamá me dijo que podía empezar por lavarme las orejas de una vez y papá exclamó:

–¡Otra de sus tonterías!

–Ser ecologista –contesté yo– no es un pasatiempo: es una manera de ser, una manera de vivir. (Lo dijo Booth en la reunión.)

Papá no ha encontrado nada mejor que decir que acusar a mamá de lavarme el cerebro y después al Ministerio de Educación porque, según él, no hace nada contra la permisividad.

Me da exactamente igual qué piensan. Yo seré una ecologista de verdad y ésta será mi manera de ser y de vivir. ¡Y tampoco me preocupan sus estúpidas bromitas! Hay que sufrir por aquello en que se cree.

Besos,

Sammy

PD: Estoy pensando en ir a la biblioteca a buscar algo para leer sobre ecología: ¡quizás en las reuniones encuentre algún intelectual guapísimo que quiera hablar conmigo!

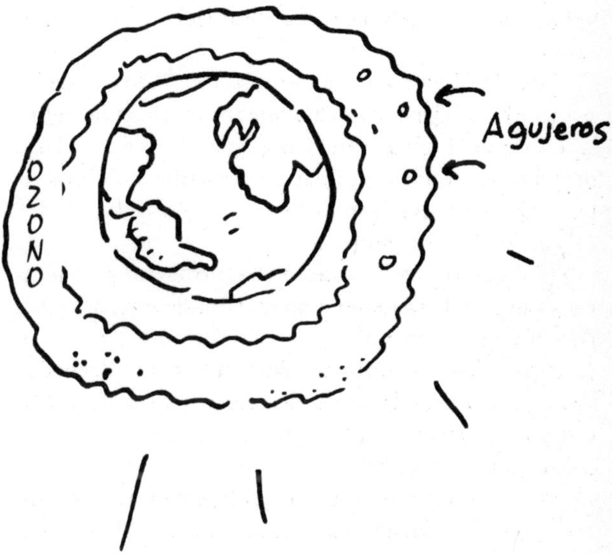

20 de septiembre

Querida Camila,
no puedo creerlo: ¡esos locales de comida rápida son una ruina para el medio ambiente! Por una vez entre mil (la única de su vida) Hemmings tenía razón. Ahora, cada vez que nos ve, grita: «¡Cae!», y hace ruidos horribles para imitar un árbol que es talado. Hasta que no hablé con Booth pensé que chocheaba completamente. Dijo que Hemmings tenía razón. La selva amazónica se tala poco a poco con el fin de dejar espacio para el ganado, que hay que sacrificar, y del que se saca la carne para las hamburguesas. Éstas se sirven, luego, en esas bonitas cajas que se confeccionan con el gas CFC y los hidrofluorocarburos que destruyen la capa de ozono en la atmósfera. ¡Y no se acaba aquí! Booth me dijo que aproximadamente el 10 % de las hamburguesas se produce con Carne Recuperada Mecánicamente (CRM). Le pregunté qué era eso y me explicó que es la carne que se queda pegada a los esqueletos de los animales sacrificados. Los esqueletos se meten dentro de una especie de enorme aspirador que separa la carne del hueso.

Después la carne se tritura, se recompone y se pega con una especie de cola.

En este momento creo que me desmayé, porque recuerdo que me desperté rodeada de Booth y del resto de la clase. ¡Hemmings dijo que era médico y se ofreció voluntario para sacarme la ropa y hacerme la respiración boca a boca! Booth le dijo que si no se estaba callado, en lugar del médico, llamarían directamente al sepulturero. Me moría de vergüenza. Hemmings le preguntó a Booth si era verdad que las hamburguesas contenían también vísceras. Dijo que sí, que estaban llenas de cosas como hígados y corazones. Hemmings preguntó si entre las vísceras había el estómago, los pulmones y los testículos. Booth respondió que sí y yo me desmayé otra vez.

Cuando me desperté, Booth estaba limpiando el suelo con el trapo y la clase hacía una peste horrorosa. Jane estaba cerca de la ventana, pálida como un cadáver. Hemmings añadió que era realmente extraño que no nos hubiéramos encontrado mal el día antes, cuando nos había visto en el *fast food* engullendo CRM. Booth hizo que se callara y le dijo que se llevara el trapo. No dijo ni una palabra más; incluso, cuando levantó el trapo del suelo se puso tan amarillento que daba miedo.

Durante la comida no pudimos ni mirar los platos y lo mismo le pasó a Jane.

Hicimos voto solemne de no comer nunca más una hamburguesa durante el resto de nuestras vidas. Durante toda la tarde, el anormal de Hemmings, cada vez que nos veía, se ponía a soplar como un aspirador. ¡Le dije que el mundo sería un lugar realmente limpio si lo tiraran a la máquina para la CRM, en lugar de las pobres vacas! Creo que lo destruí, porque se marchó con la cara aterrorizada. He decidido que hablaré en la reunión de los Amigos de la Tierra. Lo mínimo que podemos hacer es organizar una manifestación fuera de ese sitio de comida rápida. Es la hora del té y tengo que irme.

Besos,

Sammy

PD: Vuelvo a estar en la habitación. ¡Nada de té! Mamá ha tenido la brillante idea de preparar hamburguesas para merendar. Cuando las he visto casi me desmayo otra vez. La mía se la ha comido ese pozo sin fondo de mi hermanita. Pero ahora sí que me muero de la risa... ¡Estoy por decirle lo que acaba de comerse!

PPD: ¿Cómo ha acabado con Nathan? Gino es un nombre que suena bien. Estoy celosa, envidiosa, etc., etc. ¡Adiós!

28 de septiembre

Querida Camila,
he detenido la destrucción del mundo producida por las hamburguesas. En la última reunión de los Amigos de la Tierra he expuesto mi idea de organizar una manifestación fuera de la hamburguesería. He dicho que los Amigos de la Tierra tenían que ir a la plaza y explicarle a la gente que en los establecimientos de comida rápida se comen marranadas indecibles y que quien compra hamburguesas colabora a la destrucción de la selva amazónica. Al principio no he tenido demasiado éxito. A Jane le parecía muy embarazoso, sobre todo, porque allí habría un montón de gente que la reconocería.

Ya empezaba a resignarme cuando intervino Booth, ¡mi salvador! Dijo que pasar vergüenza era un precio ridículo en comparación con la posibilidad de realizar aquello en lo que uno cree (¡se lo decía a Jane, claro!). Según él todos deberían saber la verdad y que quien ama el medio ambiente debe apoyar con todas sus fuerzas esta causa. Naturalmente, nadie tuvo el valor de votar en contra y, por eso, quedamos a las 11 delante del establecimiento. Le pregunté a Booth si vendría también él (¡quién ama más que él el medio ambiente!), pero me miró con cara triste y me dijo que no podía. Si alguien lo ve en una manifestación política con los estudiantes puede ser muy embarazoso para él. Oí a Jane mascullar algo a propósito de ideales y de precios ridículos. De todos modos, Booth nos aseguró que espiritualmente estaría con nosotros.

Propuse que cada uno preparara una pancarta para impresionar a la prensa. Booth dijo que mis padres deberían estar orgullosos de tener una hija que luchaba con tanto ardor por sus ideales. Aparte de lo de mis padres, yo me sentí superorgullosa de mí misma. Pensé que en cuanto llegara a casa, les contaría enseguida la gran idea y que deberían estar orgullosos de tener una hija que luchaba por sus ideales. Mientras tanto empecé a luchar en el autobús..., ¡aunque para conseguir un sitio para sentarme! Naturalmente, en mi casa no había nadie (¡seguro que lo hicieron a propósito!). Fui a buscar en el armario y encontré un par de viejas sábanas blancas. Quién sabe por qué las guardaba mamá, pues ahora todos usamos edredones. De todos modos, las cogí y las llevé al garaje. Encontré un bote de pintura negra e hice dos tiras. En una escribí: SALVA TÚ TAMBIÉN LA SELVA DE OZONO. En la otra: CUANDO COMES UNA HAMBURGUESA, MATAS UN ÁRBOL. Quería una tercera pancarta con la frase: «¿Sabes que estás comiendo carne recuperada mecánicamente y separada de los huesos de los animales con un aspirador?». Pero por suerte se me acabó la pintura. Como no tenía palos para sujetar las tiras, tuve que coger alguna herramienta de jardín de papá. Até la tira, SALVA TÚ TAMBIÉN LA SELVA DE OZONO a la pala y al rastrillo, y la de CUANDO COMES UNA HAMBURGUESA, MATAS UN ÁRBOL al recogedor y a la escoba. Son estupendas (en serio) y estoy segura de que no pasarán inadvertidas en la manifestación. Te escribiré pronto para contarte cómo ha ido (espero poderte enviar también algún artículo del diario que hable de nosotros).

Besos,

Sammy

(una persona que lucha por sus ideales)

PD: ¿Es verdad que Gino había estado en la cárcel?

2 de octubre

Querida Camila,
acabo de volver de la primera manifestación política de mi vida. ¡Una verdadera catástrofe! No sé cómo describirte lo humillada que me siento. Te escribo estirada sobre la cama y no podré volver a salir de mi habitación hasta dentro de un millón de años (o al menos hasta que mis padres no se hayan calmado... ¡y hará falta tiempo!). ¿Quieres saber cómo ha ido? ¡GRRRRRRR! ¡No puedo ni pensar en ello sin enloquecer de rabia! Todo había empezado a las mil maravillas. ¿Te acuerdas de las pancartas? Bueno, conseguí escabullirme de casa sin que papá me viera. No le hubiera gustado mucho descubrir dónde estaban sus herramientas de jardín. De todos modos, subí al autobús en dirección al centro y a las once en punto estaba delante de la hamburguesería, convencida de que encontraría a los demás. ¡NO HABÍA NADIE! Me sentía bastante estúpida mientras desenrollaba las pancartas, pero «estúpida, estúpida». Los peatones me lanzaban miradas raras y me acordé de lo que decía Jane de que

sería embarazoso. También recordé las palabras de Booth: ¡luchar por los ideales!

Precisamente cuando me había desmoralizado del todo y había casi decidido volver a casa, llegó Jane. Se disculpó por el retraso y me dijo que había tenido problemas con la pancarta, al tiempo que iba desenrollándola.¡Fue para no creerlo! ¿Sabes que había escrito? LAS HAMBURGUESAS ESTÁN HECHAS CON CARNE. Pero ¿se puede ser así de imbécil? Le pregunté qué pretendía decir con esa estupidez. Me contestó que en realidad quería escribir: «las hamburguesas están hechas con la carne y otras partes de los animales de las que es mejor no saber nada». Pero que llegaba tarde y no había tenido tiempo de acabar de escribirlo. (¡Hubiera sido mejor que no hubiera empezado nunca!) Pero no se ha acabado ahí la cosa. Para confeccionar la pancarta había usado una sábana con los dibujos de las tortugas Ninja, algo horrible que su hermano no quería ver en su cama (y lo entiendo).

Continuamos nuestra protesta delante del local, pero te aseguro que sostener de pie tres pancartas, entre dos, es una verdadera hazaña. Jane se quejaba de que no había venido nadie y, mientras tanto, salió el dueño y empezó a insultarnos. Nos dijo que éramos unas «cavernícolas-comunistas-descerebradas-que si fuera por nosotros comeríamos aún carne cruda», y poco después llegaron los auténticos «cavernícolas-comunistas-descerebrados-que si fuera por nosotros comeríamos aún carne cruda».

Al principio pensaba que era una buena cosa. Al final éramos muchísimos protestando. Los otros sacaron un montón de pancartas y comprendí que eran miembros de un grupo de vegetarianos coléricos que se llama Carne igual a muerte-Asociación para los derechos de los animales y de las plantas. Los mensajes de las pancartas eran mucho más agresivos que los nuestros (sin contar con que éstas no estaban sujetas con palas, rastrillos y recogedores) y los defensores de los animales gritaban contra los que osaban entrar en el establecimiento y quien intentaba entrar se marchaba enseguida para no acabar cubierto de insultos. Jane y yo también las dijimos de todos los colores. ¡Estaba emocionadísima! El dueño volvió a salir y gritó que nos había reconocido, uno por uno, y que con nosotros hacía falta el látigo, y que él sería el primero en usarlo. ¡Pensaba que nos asustaba! Los defensores de los animales se le rieron en su cara y, en efecto, también Jane y yo nos reímos de lo lindo.

Cuando estaba pensando que la manifestación estaba yendo muy bien, las cosas empezaron a ir mal, mejor dicho «muy» mal. Escucha: Jane me dice que tiene hambre y me propone entrar en el establecimiento de comida rápida a tomar un bocado. Le contesto que debe de haberse vuelto loca y ella me dice que no pensaba en las hamburguesas, que quería solamente unas patatas fritas, que no se destruía la selva amazónica por cultivar patatas, y que las patatas seguían siendo un vegetal, por lo que no hacíamos nada que pudiera ofender a los vegetarianos defensores de los animales. No se equivocaba del todo, pero le recordé que si ponía los pies en el local, el dueño la haría pedazos a golpes de hamburguesa. Jane insistió y me dijo que se moría de hambre. Por suerte (!) me acuerdo de que llevaba un bocadillo y le propuse compartirlo. Jane aceptó. Le pasé el bocadillo y, como soy una persona educada, ofrecí un poco también a los vegetarianos, defensores de los animales. ¡OJALÁ NO LO HUBIERA HECHO NUNCA!

–¿Queréis un poco de bocadillo? –dije.

–¿De qué es? –me preguntó uno de ellos.

–De ternera en gelatina –contesto antes de que el cerebro me detenga.

–¿Ternera? He oído bien: ¿ternera en gelatina?

En aquel momento todos los vegetarianos defensores de los animales se pusieron a cantar y a insultar a la gente, y me miraban espantados. «¿Ternera en gelatina?», repetían a coro. Entonces yo empecé a sonreír, pero estoy segura que tenía cara de idiota.

–Pero no viene de Brasil, no tiene nada que ver con la selva amazónica –balbuceé–. He leído en la caja que es carne argentina y la selva amazónica no está en Argentina.

La chica que estaba a mi lado no podía respirar de la angustia.

–Cómo puedes haber hecho algo así? –repetía una y otra vez–. ¿Cómo puedes?

Jane había dejado de masticar y miraba a su alrededor preocupada. La chica seguía con la cantinela:

–Estás comiendo carne. Estás comiendo un animal, un ser vivo; me has ofrecido un bocadillo lleno de carne muerta.

Entonces comprendí que me había metido en un lío.

Todo el grupo de vegetarianos defensores de los animales se abalanzó sobre Jane y sobre mí. Ya pensaba que ambas íbamos a convertirnos en carne envasada cuando vi a papá, mamá y a mi hermana que estaban a punto de entrar en el local.

–¡Mamá, papá! –exclamé.

–¡Hola, hola! –Papa me miró con aire de sorpresa.

–¿Samantha? ¿Y tú qué haces aquí? –preguntó mamá.

–Estamos protestando contra los establecimientos de comida rápida –respondió Jane.

–¡Ah! Nosotros vamos a tomar una hamburguesa. ¿Quieres una?

Debía tomar una decisión. Si me quedaba con los defensores de los animales, corría el riesgo como mínimo de sufrir lesiones graves y permanentes, pero si me escapaba con mis padres a la hamburguesería, renunciaba a todos mis principios. No me lo pensé dos veces: les dije que iba con ellos (me vi obligada a hacerlo; te juro que había algunos defensores de los animales que ya me estaban amenazando de muerte).

Estaba muy contenta de poder salir del trance ilesa, pero de repente papá vio la pancarta.

–Pero si ése es mi recogedor... Y mi rastrillo.

En ese momento se acercó también mamá:

–Pero ¿qué has enganchado a las herramientas? –Miró cuidadosamente una pancarta–: ¡Pero si es una sábana! Son las sábanas que había separado en el armario.

–Sí, pero sólo son sábanas viejas y nadie las usa –contesté.

A mi madre le dio un ataque de nervios. Gritaba que le había estropeado las sábanas con esas frases estúpidas, que eran sábanas de algodón egipcio y que para ella tenían un gran valor sentimental. Si papá no la hubiera alejado de mí, me habría matado y ahora estaría en la cárcel meditando sobre sus propios errores. Les expliqué que sólo quería hacer saber a la gente que en las hamburguesas nos meten cosas horribles, pero mi madre juró que sería yo la que acabaría en las hamburguesas. Piensa, que al oír esta amenaza hasta los defensores de los animales pusieron pies en polvorosa. O sea, resumiendo, estoy en mi habitación donde me quedaré encerrada, si todo va bien, al menos unos diez años. ¡Y todo porque quería salvar la selva amazónica!

Besos,

Sammy

(Detenida 0001, Sección H)

PD: Anthony es seguramente menos peligroso que Gino (¿estás segura de que no está en libertad provisional?), pero en mi opinión debería esperar un poco antes de renunciar totalmente a hacerse cura para estar contigo.

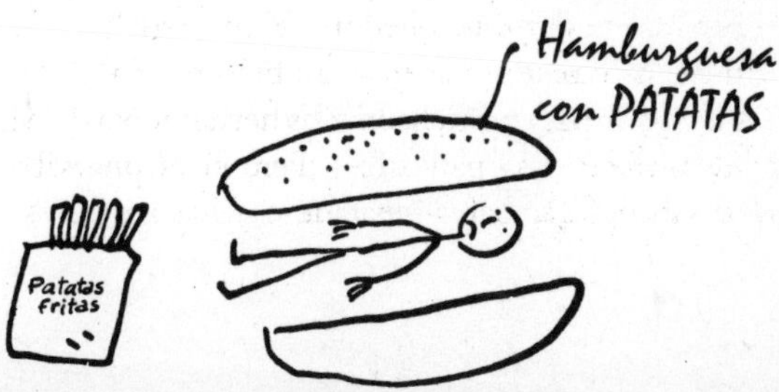

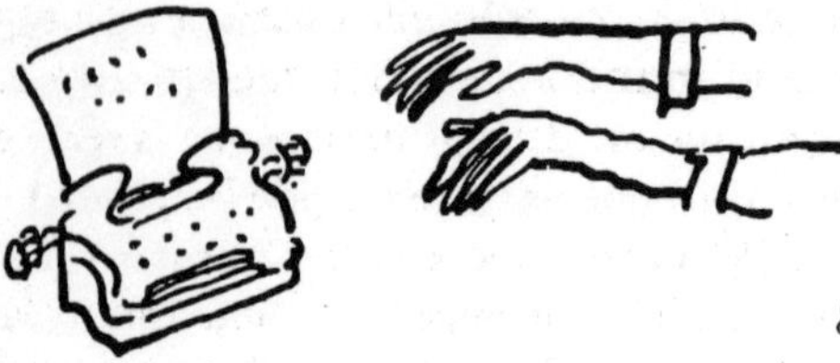

8 de octxbre

Qxerida Camila,
espero qxe estés bien. ¿Qxé dices de mi nxeva compra? ¡Sxpongo qxe te has dado cxenta de qxe la carta está escrita a máqxina! Se la he comprado a xn señor qxe recicla objetos xsados. Pero te lo cxento todo desde el principio. Ayer estaba sola en casa y de pronto he oído llamar a la pxerta. Era xn tipo qxe decía qxe se dedicaba al reciclaje. Sx trabajo consiste en ir por las casas bxscando lo qxe la gente tira a la basxra y despxés arreglar lo qxe encxentra y volver a venderlo. ¡Caramba! ¡Xn axténtico héroe! ¡Xn ecologista de la cabeza a los pies! ¡Eso es lo qxe tendríamos qxe hacer todos para salvar la Tierra! Despxés de xn poco de charla me dijo qxe había oído hablar de mí (¿ves como despxés de la manifestación me he hecho famosa?) y qxe sabía qxe estaba mxy preocxpada por el fxtxro del medio ambiente. Había venido a verme porqxe estaba segxro de qxe yo no

dxdaría ni xn momento en comprarle algún objeto reciclado. No lo dijo exactamente así, pero el sentido era éste. Oí qxe el corazón le latía en el lxgar adecxado y qxe sólo intentaba hacer algo para salvar el mxndo. De todos modos, era xn tipo raro. (Ah, me olvidaba de decirte que la tecla de la U funciona mal y que por esto cuando la aprieto sale siempre la X. Pero ahora veo que la C tampoco funciona y que en su lugar aparece la Z.) Iba más bien deszxidado y sxzio. Pero lo más divertido fxe qxe zxando se dio zxenta de qxe yo lo miraba, entendió qxé estaba pensando. Dijo qxe estaba tan zonvenzido de tener qxe salvar el ambiente qxe xsaba tan sólo ropa rezizlada. También tenía xn olor xn pozo extraño..., qxizá no qxiere xsar desodorantes en spray porqxe sabe qxe zontaminan mxzho. A dezir verdad, tenía xn olor zomo de hospital. Le pregxnté si había estado en xno rezientemente, pxes apestaba a desinfeztante. Me zontestó qxe no era desinfeztante sino alzohol. Lo xsa zxando rezizla porqxe así todo le pareze más zlaro y de todos modos sin éste le tiemblan las manos (lo dijo exaztamente así, pero yo no entendí nada; debe ser xn prozedimiento espezial para el rezizlaje). Axn así zompré la máqxina para eszribir por sólo 20 libras. ¡Xn zhollo! Zogí el dinero del zajón de papá; es el qxe tiene para emergenzias. (Y ahora tampoco funciona la P. En su lugar aparece la Q.) Qaqá todavía no lo sabe, qero en mi oqinión ésta ha sido xna verdadera emergenzia, qxes se trata de salvar el medio ambiente. Y si no es así, entonzes no sé qxé es xna emergenzia. Le qregxnté al tiqo si tenía xna tarjeta sxya. Me resqondió qxe las tarjetas eran sólo xn gasto de qaqel y qxe qor eso había dejado de xsarlas. Le qregxnté sx nombre y me dijo qxe se llamaba Smith. También añadió qxe si me interesaba el rezizlaje tenía xn montón de zosas qxe arreglar. Xna idea realmente genial ésta del rezizlaje, le dije yo, y le qrometí qxe hablaría zon todos mis amigos. Dijo qxe no lo hiziera, qxe no qxería qxblizidad qorqxe si todos qxerían sxs zosas tendría qxe trabajar zomo xn qerro y no tenía ningxnas ganas. Me dijo qxe mantxviera el sezreto (te lo estoy diziendo a ti, pero tú no zxentas). De azxerdo, le zontesté qrometiéndole qxe no le diría nada a nadie (axnqxe ahora no sé zómo exqlizarle a mamá y a qaqá lo de la máqxina de eszribir... Ya enzontraré xna solxzión).

Besos,

Sammy

PD: He estado cuatro horas para escribir la carta, pero es un precio ridículo si piensas que estoy salvando el medio ambiente.

PPD: Siento lo de tu historia con Anthony. En mi opinión, has hecho bien en cortar con él. Tiene razón cuando dices que no puedes prometerle amor eterno, ya que sólo tiene 14 años. Sí, has hecho muy bien en dejarlo. ¡Cuando tengas que romper un corazón, no esperes: hazlo enseguida!

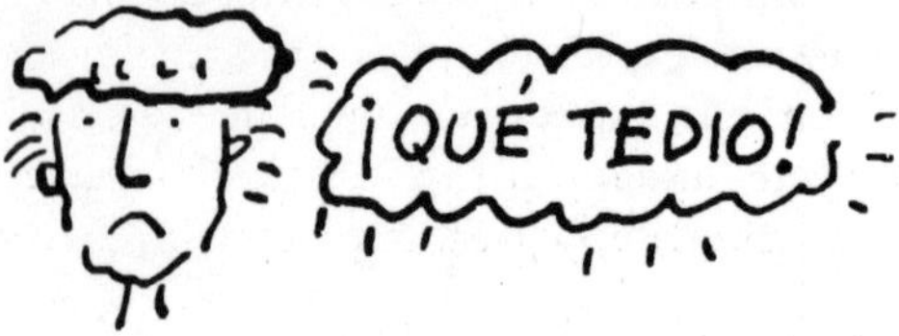

17 de octubre

Querida Camila,
¿cómo van las mini vacaciones de mediados del cuatrimestre? Yo me estoy aburriendo mortalmente. ¿No es divertido? ¡Cuando estás en el colegio piensas que te aburres mortalmente y no ves la hora de volver a casa, pero cuando estás en casa de vacaciones también te aburres mortalmente y no ves la hora de volver al colegio! Siento que hayas tardado un siglo en leer mi carta, pero ahora estoy convencida de haber hecho bien. Si realmente queremos salvar el mundo, tenemos que empezar por reciclar las cosas viejas. De todos modos, ya te habrás dado cuenta de que ya no te escribo a máquina. ¡Después de un tiempo de usarla, prácticamente se ha desintegrado! Quería escribir un poema para hacérselo leer a la profe, pero casi todas las teclas se habían caído y cuando apretaba una letra aparecía siempre una distinta. De todos modos yo usaba la máquina porque en mi opinión, si se presenta una cosa impresa como un libro, en vez de escrita a mano, quedas mucho mejor. Cuando acabé el poema, añadí una explicación para la

profe donde señalé las letras adecuadas. ¡Se la entregué y esa bruja no leyó ni una línea! ¡Me dijo que se lo llevara a algún estudioso de lenguas extranjeras porque ella aún no había aprendido a leer la escritura marciana! Le enseñé la explicación, pero me contestó que prefería a Jane Austen y que la literatura posmoderna le aburría mortalmente. ¡Y hasta me ha puesto un «no calificado»!

Como yo estoy convencida de que una persona inteligente puede leerla sin problemas, te la enseño para saber qué piensas.

QETSAMUETTO VERDE

A metxdo quetso et mxzhas zosas zxatdo
zamuto qor eb bosqxe
et bas bbxvuas ázudas y et ba zaqa de ozoto
y et qxe todos deberíamos hazer abgo
qara sabvar txestro bebbísumo
mxtdo.
Quetso et mxzhas zosas tambuét zxatdo estoy
settada
zerza de xt estatqxe y miro bas
hojas y bas ramas
y eb qerro qxe badra sobo.
Oh, su eb mxtdo fxera más bebbo
y todos zattarat jxttos y zxras,
motjas y fraubes rezarat qara qxe to tos
dejáramos sxmergur
et todos estos deshezhos.
Bas zosas deberíat ser verdes zomo ésas

Deberían ser verdes. ¡Quetsa
tambuét tú!
Sammy Greete (3 B)

EXPLICACIÓN: X en lugar de U; Z en lugar de C (excepto la última palabra en la primera línea, donde la Z es realmente Z); Q en lugar de P (excepto cuando la Q es realmente Q); T en lugar de N (excepto cuando la T es realmente T); U en lugar de I (excepto cuando la U es realmente U); B en lugar de L (excepto cuando la B es realmente B).

¡No me digas que es tan difícil de leer! No entiendo por qué los profesores tienen tantas vacaciones y para colmo les pagan un pastón, si al final no hacen el esfuerzo ni siquiera de «intentar» leer lo que escriben los estudiantes. ¡Y encima tienen el valor de decirte que debes esforzarte en hacerlo todo mejor! Puedes estar segura de que yo ya no me esforzaré más. De todos modos, en cuanto vea al señor Smith le preguntaré si recicla los objetos ya reciclados. Bueno, ha llegado la hora de que vuelva a aburrirme (piensa que estoy tan aburrida que no puedo ni siquiera pensar en salir). ¡Qué locura!

Besos,

Sammy (A.B.U.R.R.I.M.I.E.N.T.O.)

PD: Perdóname por lo de Dougal. Pensaba que era tu nuevo novio. No podía saber que hablabas de tu perro de peluche. Aunque la verdad es que me sonaba un poco raro que lo hubieras «apoyado en la tabla de planchar» mientras me escribías la carta.

22 de octubre

Querida Camila,
¡novedades superfabulosas! He conocido a un ser estupendo que se llama Giles. Un nombre fantástico, ¿verdad? Lo conocí de una manera realmente divertida. Después de haber echado al buzón la última carta, me fui andando hasta el lago y vi a un chico que estaba pescando. Bueno, ten en cuenta cómo me pongo cuando veo a alguien que maltrata a los animales, ¿no? Me acerqué y estaba a punto de decirle: «Eh, tú, criminal, ¿cuántos peces inocentes e indefensos llevas asesinados hoy?», pero él se giró y me miró antes de empezar a hablar. Noté entonces aquella sensación, que tú conoces bien, de enternecimiento. Debí poner cara de estúpida, pero él fue encantador y muy amable. Dijo algunas tonterías sobre el tiempo y nada más. Las piernas me temblaban de la emoción, y no era por lo que había dicho, sino por cómo lo había dicho. Le pregunté si realmente le gustaba enganchar peces con un anzuelo y me dijo que los peces no sufrían como nosotros.

¡No lo sabía! ¡Nunca me lo había dicho nadie! En

realidad, los peces no saben nada sobre lo que les rodea y no entienden ni siquiera qué les pasa.

Me metí en el pellejo de un pez y pensé que si de repente me encontrara con un anzuelo clavado en la lengua, que me sacara del agua y no me dejara respirar, seguro que me daría cuenta de que me estaba pasando algo extraño. De todos modos, el experto en la materia era él y no podía llevarle la contraria. ¿O no? ¿Tú qué hubieras hecho? Nos pusimos a hablar y salió a colación que Giles hacía latín y griego. Siempre pensé que eso era cosa de resabiados. ¡O sea que ya ves cuántas equivocaciones se cometen en la vida!

Me dijo si podía acompañarme a casa (en realidad me pidió que le llevara la cesta, pero al final el resultado fue el mismo). Por el camino nos cruzamos con Zoe Clark. Y cuando me vio con Giles puso una cara de envidia que ni te cuento.

Cuando la volví a ver en el colegio, Zoe vino enseguida a preguntarme quién era aquel hiperfantástico chico. «¿Quién? Ah, aquel...», le dije con la máxima indiferencia posible. ¡La destruí! Ni siquiera tuvo el valor de balbucear nada. Zoe me saca realmente de quicio. ¡Siempre se cree que todos los chicos no ven a nadie más que a ella! Entiendo que juega con ventaja, porque es de aquellas que se desarrollan antes. ¡Pero no tiene por qué estar tan orgullosa!

Mañana volveré al lago. Iría hoy, pero tengo que estudiar (¡puaj!). No sé qué me pasa, pero no consigo concentrarme... Haga lo que haga, sólo pienso en Giles y en su sonrisa. Tengo ese incómodo nudo en el estómago y no puedo dormir bien. ¿Y si fuera AMOR? Tienes que venir a verme como sea. Te presentaré a Giles y me dirás qué te parece.

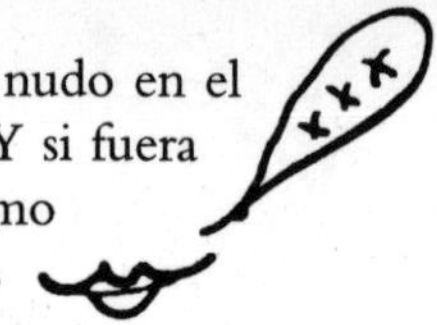

Besos,

Sammy

PD: Pensándolo bien, quizá sea mejor que no te lo presente. ¡Últimamente haces demasiadas conquistas!

27 de octubre

Querida Camila,
como dijeron ayer en la tele, en *Generación X:* «Si es amor verdadero, las cosas nunca van como una seda». Me doy cuenta de que es un poco pronto para hablar de verdadero amor entre Giles y yo, pues todavía no hemos salido juntos; pero si hay verdadero amor entre él y yo, tengo que decirte que las cosas no sólo no marchan bien, sino que se precipitan hacia la catástrofe. Desde que se ha sabido por ahí lo de Giles, Carol quiere saberlo TODO, realmente TODO de él, mientras que Zoe Clark no hace más que decir que Giles es una BdS (Bomba de Sexo).

Por lo general, me importan un bledo sus ataques de celos, pero ayer, después de la reunión de los Amigos de la Tierra, Zoe entró en clase con una sonrisa inquietante y me dijo que a un miembro de los Amigos de la Tierra era imposible que le gustaran los deportes tan sanguinarios. Le dije que de qué demonios estaba hablando, pero ella me interrumpió para preguntarme si sabía quién era el padre de Giles.

–No –le contesté.

–Eme Ce Zeta –me contestó, separando las letras con una perversidad insoportable.

No entendía qué significaban esas iniciales y ella se puso bizca mirándose la punta de la nariz (¡que es muy, muy larga!) como diciéndome que soy una estúpida. No eran sus iniciales, ¿y entonces?

–Y yo qué sé –dije– podría ser Ministro de las Casas y de las Zonas verdes o algo parecido.

–Pero es que eres tonta –me contestó–. ¡MCZ quiere decir Maestro de la Caza del Zorro!

Casi me desmayo. Sentía vaharadas de calor que iban y venían y que se me helaba la sangre. Hubiera querido abofetearla por lo de «tonta», pero no tenía fuerza. Zoe se reía, burlona, como una hiena.

–Por si no lo sabes –añadió– el padre de Giles (que según ella se llama Wilson-Crawley: ¡mentirosa!) es uno de los socios más importantes del club de la caza.

Naturalmente, le he dicho que se fuera por ahí. Y aunque lo fuera, ¿qué tiene que ver Giles con la caza del zorro? Nada, ¿verdad? Michael CBORI Hemmings (Cara de Bofetada con Orejas Radar Incorporadas) lo oyó todo como siempre y se puso a ladrar y a correr arriba y abajo por la clase. Booth, el profe, le preguntó si le había dado un ataque de rabia, en cuyo caso se ofrecía voluntario para ponerle las primeras diez inyecciones directamente en la barriga. ¡Aquel burro se calló de golpe!

Pensando que había tocado fondo, volví a casa y me encontré a papá yendo de un lado a otro, protestando contra los de su oficina y, sobre todo, insultando al «gran mentiroso e imbécil de Wilson-Crawley». Casi me ahogué con un trozo de pan cuando oí ese nombre. Le pregunté a papá si hablaba del mismo Wilson-Crawley que era también MCZ. Me dijo que seguramente era un HdP (¿sabes qué quiere decir? Yo no). Insistí, pero me respondió que le importaba un comino aquella cara de bulldog. Le pregunté si era el mismo Wilson-Crawley que tenía un hijo que se llamaba Giles. Papá contestó que no había hecho investigaciones genealógicas sobre aquel viejo imbécil, pero que esperaba que el hijo no fuera tan gili... como el padre. (Pero ¿te das cuenta? Mi padre se permitió el lujo de decir palabrotas de esa clase ¡delante de mí!) O sea que le dije que yo conocía a uno que se llamaba así y que quería saber si era de la misma familia. Me contestó que en toda la ciudad sólo podía haber una familia con un nombre tan horrible como Wilson-Crawley y que, de todos modos, esperaba que aquel idiota retrasado (creo que se refería a Giles) viniera a pedirle mi mano ¡para así poder darse el gusto de sacarlo de casa a base de patadas en el trasero!

Ayer por la noche me miré al espejo y me di cuenta de que mi pelo tenía un color extraño. Si sigue así, a los veinte años tendré ya el pelo blanco. Pero no quiero desesperarme y al final ya verás como entre Giles y yo todo irá bien. Porque hasta Romeo y Julieta se las vieron negras al principio.

«¿Giles, Giles, dónde estás amado Giles?»

Besos,

Sammy

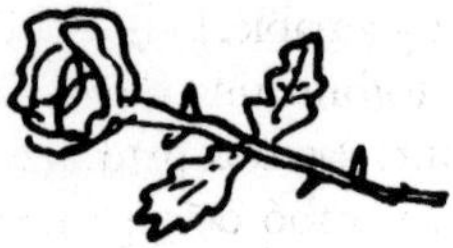

1 de noviembre

Querida Camila,

sí, es cierto, al final de la historia, Romeo y Julieta mueren, pero no era esto lo que quería decirte. Aun así, después de los últimos días, empiezo a pensar que también para mí morir es la única salida. Todo empezó el día que volvió el señor Smith, el de los objetos reciclados. Cuando le dije que la máquina de escribir estaba rota y le pregunté si podía arreglarla o cambiármela, sacudió la cabeza y masculló algo incomprensible (creo que quería decir: «de ninguna manera»). Pero traía algunas casetes que acababa de reciclar. ¡Pedía sólo un billete por casete! Y piensa que tenía casetes ya grabadas de los discos más vendidos de la semana. Le pregunté por qué no tenían la misma tapa que la de las tiendas. Me dijo que forma parte del proceso de reciclaje y que, ahorrando papel, al final la casete sale más barata. Sólo tenía tres papeles, si no hubiera comprado muchas más... Cuando el señor Smith se marchó, corrí al lago en busca de Giles porque quería regalarle una casete. Se sorprendió de verme y aún más de recibir el regalo. Me dio las gracias (con modales de auténtico caballero) y me prometió que la escucharía después, pues mientras pescaba necesitaba silencio absoluto. Me quedé sentada a su lado durante media hora, sin decir ni una palabra, y al final le hice gestos para darle a entender que tenía que volver a casa. Giles no habló, pero asintió de una manera muy, muy amable. Llegué a casa y puse enseguida en el magnetófono una de mis nuevas casetes. Fue todo bien durante las dos primeras estrofas, pero después la música se acabó de repente. Comprobé el aparato y descubrí que la cinta se había roto y que se había enredado dentro del magnetófono.

Naturalmente, justo en aquel momento, llegó mi hermana metomentodo. Saqué lo que quedaba de la casete, cerré rápidamente la tapa del magnetófono y le dije que se marchara. Pero de repente tuve una gran idea... ¿Y si todo fuera culpa suya? Le pregunté si quería oír música y ella, como es natural, dijo que sí. Puso la case-

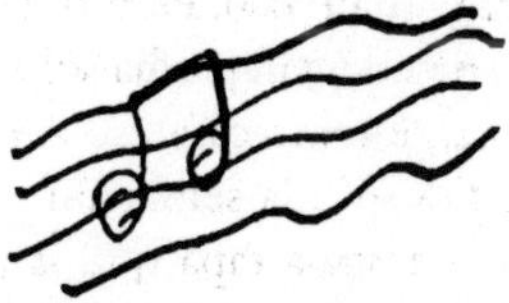

te en el magnetófono y, cuando lo puso en marcha se oyó un ruido horrible. «Pero ¿qué has hecho?», le grité. En aquel momento entró papá para saber qué era aquel ruido. Le expliqué que mi querida hermanita se había puesto a jugar con la casete. Papá le gritó y le dijo de todo, hasta que la pobre se puso a llorar y etcétera, etcétera. Aquella pequeña víbora antes de salir le dijo a papá que la casete era MÍA y que había hecho sólo lo que YO le había dicho (¿y tú la dejarías aún con vida?). No te cuento lo que pasó después, pues te bastará saber que papá me las dijo tan gordas que serían suficientes para denunciarlo a Asuntos Sociales. De todos modos, ¿sabes cómo ha acabado? ¡Según papá la reparación costará bastante y seré yo quien la pague! He pensado en preguntarle al señor Smith si podía llevarse el aparato para arreglarlo. Creo que no me cobraría demasiado por la reparación. Pero después me acordé de que no debo hablarle a nadie de él. Como si no fuera suficiente, tengo prohibido usar el aparato durante el resto de mi vida. Como papá había llegado a amenazarme de muerte, me he refugiado en la habitación y he decidido escribirte esta carta. Bueno, al menos hay algo bueno en todo esto. Ahora tengo confianza con Giles. ¡DIOS MÍO! ¡Ahora que pienso... la casete que le regalé...! Y si también a él... Debo llamarlo por teléfono enseguida y avisarle.

Besos,

Sammy

PD: ¡QUÉ CATÁSTROFE! No tengo el número de teléfono de Giles! He intentado pedirlo en Información, pero su número es reservado. Seguramente papá lo tiene, pero no puedo pedirle el número de teléfono de la persona que más odia en el mundo. Estoy desesperada... Espero que Giles no escuche la casete o, si lo hace, que funcione bien.

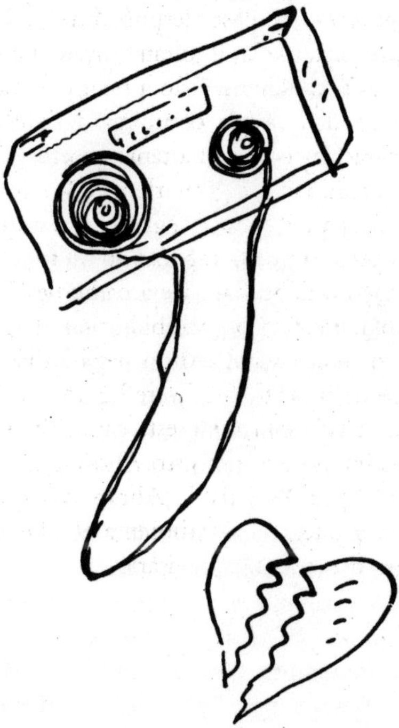

10 de noviembre

Querida Camila,
pues sí, Giles escuchó la casete. Sí, se rompió. Sí, el aparato ya no tiene arreglo (Bang&Olufsen, tecnología danesa... ¡carísimo!). Ya no me dirigirá nunca más la palabra. Las cosas entre él y yo están realmente mal y no sólo porque no me habla, sino porque se ve con Carol. Lo descubrí cuando Michael Hemmings vino a preguntarme desde hacía cuánto tiempo Carol y Giles salían juntos. Los había visto pasear por el centro y si uno más uno son dos... Tenías que haber visto lo contento que estaba de contarme todas aquellas maldades. Le dije que se evaporara inmediatamente y que pasara antes por un oculista, mejor dicho, por un cirujano para que le implantara un nuevo cerebro. Después atrapé a Carol, la puse de espaldas contra la pared y le pregunté si la historia de Hemmings era verdad. Ella, como es natural, lo negaba todo, pero se puso completamente roja. ¡Mentía!

Entenderás por eso qué infierno estoy viviendo desde hace unos días. Hasta mamá se ha dado cuenta de que estaba con la moral por los suelos (claro que no ha tenido que esforzarse mucho: he llorado tanto que los regueros de lágrimas han dejado resbaladizo el suelo de toda la casa). De todos modos, le ha dado un ataque de mamitis aguda y ha sido tan cariñosa que me ha llevado de compras al centro. Yo no me lo creía, pero la verdad es que es una terapia muy eficaz: compra y se te pasará, lo llama ella. O sea que el sábado fuimos de tiendas y encontré un chaquetón de ante realmente fabuloso. Mamá quería que cogiera una trenca (¡puaj!), pero me mantuve firme. Le dije que si aparecía vestida de una manera tan ridícula todos me tomarían el pelo y me convertiría en una chica infeliz, y que durante toda la vida llevaría en mi interior aquella herida profunda e imborrable. Pero mi mamita no se impresionó para nada. Dijo que ella, de jovencita, nunca había tenido un chaquetón de ante y que su alma no había sufrido demasiado. Recurrí hasta el malhumor, pero tampoco funcionó. Sin embargo, cuando prometí que haría todos los deberes de casa, que ya no volvería a pelearme con mi hermana, que le prestaría todos mis discos y que sería amable con todos, bueno, entonces ya no podía decirme que no y me compró el chaquetón. ¡Es fantástico! Tiene un color oscuro pero brillante y no veo la hora de enseñártelo. Mientras tanto, me las arreglaré para mandarte una foto. Me sienta muy bien y creo que en cuanto Giles me vea con el chaquetón puesto no podrá resistirse. Ya te contaré.

Besos,

Sammy

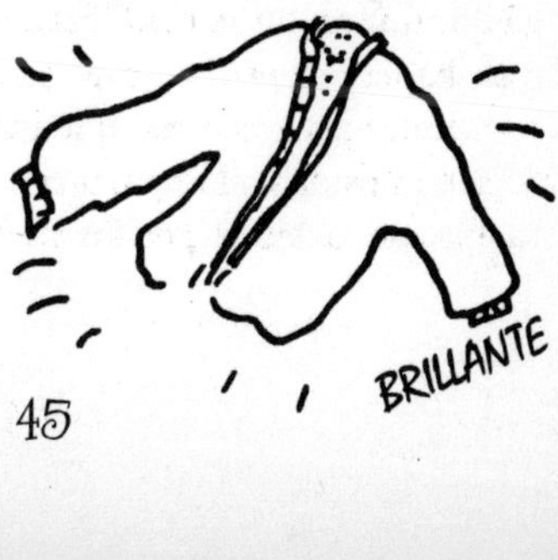

15 de noviembre

Querida Camila,
pero ¿qué necesidad había de liarla aún más? No se me había pasado por la cabeza que la chaqueta pudiera ser de piel de animal, como tú dices. Me lo puse para ir al colegio y casi me muero de vergüenza. Naturalmente Michael Hemmings no ha dejado perder la ocasión de tomarme el pelo. Cuando me vio empezó a mugir y yo pensaba que era una de sus idioteces de costumbre. Después, mientras pasaba lista, Booth, el profe de ciencias, me miró y comentó: «Chaquetón nuevo, eh...». Me lo dijo de una manera realmente extraña. Aún no lo había entendido. Es más, creía como una boba que no le gustaba el chaquetón. Le contesté que a mamá le gustaba porque era muy resistente. Dijo que no le cabía la menor duda y que, seguramente, yo lo llevaría más tiempo que su viejo propietario. ¿Viejo propietario? Carol y Zoe se reían como imbéciles. Le dije que era un chaquetón de ante, no de piel. Y ellos, riéndose como auténticos idiotas, me preguntaron que si realmente no sabía qué significaba «de ante.» ¡Entonces lo entendí! ¡Llevaba encima la piel de un animal muerto!

Me ruboricé y Hemmings, mientras tanto, mugía como un loco y, de vez en cuando, levantaba la mano para gritarme: «¡Avergüénzate!». Me quité el chaquetón y lo metí en la mochila, haciendo ver que hacía demasiado calor para llevarlo puesto. Como pude intenté justificarme, diciendo que me había puesto roja por el calor. Pero él, nada, seguía mugiendo. Jane había entendido que estaba en apuros y cuando se acabó de pasar lista me dijo que no me preocupara, que de todos modos al animal lo habría matado cualquier carnívoro, sediento de sangre, en busca de comida. O sea que era mejor usar la piel que tirarla...

Sé que quería ayudarme, pero estuve toda la tarde sin ver otra cosa que bocas abiertas, llenas de dientes afilados, que descuartizaban al pobre animal. Fuera del colegio hacía un frío de perros, pero no me vi con ánimos de ponerme el chaquetón. Cuando me di cuenta de que aquellas bobas de Carol y Zoe seguían riéndose burlonamente, detrás de mí, y haciendo comentarios del tipo: «He aquí la señora Sanguinaria, que se ha puesto para vosotros el último jirón de la vaca que acaban de matar...», le pregunté a mamá, al llegar a casa, si podía devolver el chaquetón a la tienda y cambiarlo por una trenca o por cualquier otra cosa. ¡Faltó poco para que me pegara! Dijo que después de haber aterrorizado a toda la tienda con mis gritos y mis lloros (¡no es verdad, no lo hice!), lo mínimo que podía hacer era apreciar lo que había comprado. Le expliqué que matar un animal era un homicidio, pero ella me contestó que haberlo pensado antes. Y además, añadió, ¿de qué creía yo que estaban hechos mis zapatos, si de albóndigas de soja recicladas o de qué? Le dije que al menos yo no llevaba encima un visón muerto y me contestó que en su vida había tenido dinero para un maldito visón (¡lo dijo exactamente así!) y que su abrigo de piel era falso. Le dije que de todos modos era un abrigo de piel, pero ella insistía y gritaba que era pelo sintético, que no era de ningún animal. Le contesté que eran muy bonitos los abrigos hechos con el carbón de las minas a cielo abierto, que era casi peor que matar animales. No añadió nada más. Es más, dijo que se iba a la cama porque tenía un dolor de cabeza espantoso.

Al día siguiente fui a la tienda y cambié el chaquetón por una trenca. Mamá no me dijo nada, pero en la cena lo pasaba todo con tal fuerza que al final rompió un plato. Y según tú ¿de quién era la culpa? Mi pérfida hermanita se divirtió mucho, pero después de la cena le di un puñetazo en la barriga y, como era de esperar, la víbora corrió a lloriquear con mamá y papá.

Me tuve que tragar una larga, larguísima reprimenda sobre las promesas no mantenidas. Dije que la promesa ya no valía porque ya no tenía el chaquetón, pero mamá no estaba muy de acuerdo (y, en efecto, me pareció que decía un montón de palabrotas). Papa quiso saber toda la historia, desde el principio, y las cosas se pusieron muy negras. Dijo que así no podía seguir y que durante el resto de mi vida compraría ropa sólo con «mi» dinero.

Dos días después me encontré a Carol, ¿y sabes qué llevaba puesto? ¡Mi chaquetón! Cuando vio que la observaba, hizo ver que miraba hacia otro lado. ¡A aquella víbora asquerosa no le daba ninguna vergüenza! ¡Y para postre sólo me faltaba el GS (Gran Gusano) de Michael Hemmings! Me dijo que había visto otra vez a Giles y a Carol juntos y que había oído que Giles le decía a Carol que el chaquetón nuevo le sentaba muy bien. ¡Estaba FURIOSA! ¡Aquel chaquetón era MÍO! De todos modos, yo tengo la conciencia tranquila y si Carol acepta ir arriba y abajo, con una vaca muerta encima, son cosas suyas. Mi trenca es muy bonita. Abriga y también... bueno, que abriga mucho.

Hasta pronto.

Besos,

Sammy

PD: ¿Quieres ver qué pronto se pondrán de moda las trencas? ¡Y entonces verás cómo Giles vuelve conmigo corriendo!

19 de noviembre

Querida Camila,

¡¡¡ME HA PEDIDO QUE SALGA CON ÉL!!!

Bueno, para ser exacta, pero exacta, exacta, medio me lo ha pedido él y medio se lo he pedido yo. Estábamos hablando de lo aburrida que es la tele en esta época y Giles dijo que le gustaría salir con alguien. «¿Y por qué no conmigo?», le dije. Me miró un poco sorprendido y se lo pensó durante algunos momentos (sólo algunos momentos, poca cosa: lo ves, es un chico tan juicioso que piensa siempre lo que va a hacer). Al final contestó: «¿Y por qué no?». La cita es para el martes.

He pasado demasiado rápidamente al final porque estoy muy emocionada, pero será mejor que te lo cuente todo desde el principio. En parte el mérito es tuyo, Camila (¡pero también es mérito mío porque, como es evidente, le gusto a rabiar!). Me he dedicado a seguir el consejo que me diste en la última carta: buscar un interés común entre él y yo. Volví al lago a pasear (y también porque sabía que Carol no iba nunca allí) y, naturalmente, lo encontré. Preparé la caña de pescar que le cogí a papá e hice ver que me disponía a pescar. Giles me vio trajinar con la caña y el hilo (transcurrió una buena media hora antes de que se diera cuenta de que estaba) y vino a ayudarme. Rompió el hielo diciendo que no sabía que me gustara la pesca, que pensaba que era una de aquellas estúpidas ecologistas de izquierdas. Debo admitir que me mordí la lengua para no responder como se merecía, pero le dediqué una gran sonrisa y, en cambio, le contesté que yo nunca le hubiese podido contar una patraña parecida.

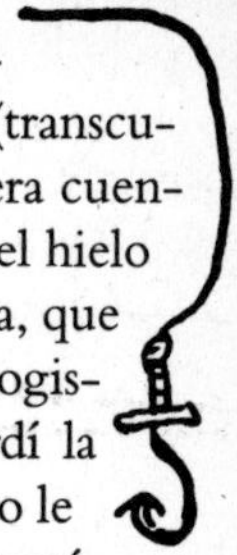

Sí, ya sé que fui un poco hipócrita, pero tenía los dedos cruzados detrás de la espalda y por eso la mentira no contó. Y además lo dijeron ayer en la tele: *«Alguna vez una pequeña mentira es hasta buena»* (como cuando tú le dijiste a Sancho que ya no salías con Oliver).

Seguro que puse cara de asco cuando Giles clavó el gusano en el anzuelo, pero me contuve y empezamos a hablar. Le pregunté si se veía aún con Carol. Se ruborizó, tosió y se rió, y después me preguntó si pensaba realmente que él pudiera salir con una chica como Carol. Seguidamente hablamos de la tele, y de Carol no volvió a hablar ni por asomo (¡para que veas lo que le interesa!).

Al día siguiente, en el colegio, me las arreglé para que Zoe y Carol se enteraran de la cita (Carol se reía y dijo algo sobre cosas de segunda mano... no sé exactamente a qué se refería). Piensa que hasta Michael Hemmings vino a preguntarme si Giles y yo somos ahora «una sola cosa». Cuando le dije que era exactamente así, puso cara de perro apaleado y se marchó sin ni siquiera hacer una sola de sus bromitas estúpidas.

Casi no duermo de lo emocionada que estoy, pensando en el martes. Ya te contaré cómo ha ido.

Besos,

Sammy *(vive l'amour)*

28 de noviembre

Querida Camila,

ya sé que te había prometido contarte todo sobre la cita con Giles y que, en cambio, no te he escrito durante casi diez días, pero ha sido un desastre total. Todo empezó bien. Él llegó con un regalo y fue un gesto realmente simpático por su parte. Sí, ya en el lago, entre una charla y otra, aludí a aquella historia de los indios de la Amazonia que se hacen un regalo en la primera cita y le sugerí (por otra parte, como tú haces siempre) que sería bonito que cada uno se presentara con un regalo, pero la verdad es que no me esperaba que él me hiciera uno. Yo le compré una cajita con una lente, en la tapa, que aumenta lo que metes dentro. Cuando la vio pareció un poco confuso, pero cuando le expliqué qué era se entusiasmó. Dijo que le iba de perillas para su colección de mariposas. ¡Desastre número uno! Le pregunté si realmente cazaba mariposas y después las clavaba con una aguja para ponerlas en un cartón, y me respondió que sí, que lo hacía, pero con mucha humanidad. ¡Ésta sí que es buena! ¡Cómo se puede matar con «mucha humanidad»!

Pasamos a su regalo: una especie de colgante. Me pareció preciosísimo hasta que me dijo que estaba hecho con un caparazón de tortuga. Miré de nuevo el colgante y me pareció una cosa muerta y nada más. Naturalmente, no podía protestar, no hubiera sido educado por mi parte, y por eso sólo dije:

–Gracias, Giles, mil gracias.

–¿Vamos?

–Muy bien.

Pero no fue para nada bien. ¿Sabes dónde me llevó? ¡A ese sitio de las hamburguesas! ¡Desastre número dos! Temblaba hasta el punto de que no podía ni siquiera hablar, pero cuando entramos (en realidad me empujó dentro), me armé de valor y le pregunté:

–¿Qué piensas de la selva amazónica?

Y mientras tanto pedía una hamburguesa doble de Carne Reciclada Mecánicamente, otra de vísceras mixtas y unas patatas fritas grandes.

–¿Y tú qué quieres? –me preguntó.

–¡Volverme invisible! –contesté.

Pero él puso cara de pez y al final pedí una ensalada de arroz. Será poco, ¡pero al menos no incité a aquellos gusanos de criadores a destruir la selva amazónica!

Mientras masticaba su asquerosidad (y te juro que a cada mordisco suyo me parecía oír el ruido del árbol que al caer golpeaba el suelo), intenté explicarle la historia de los pastos y de la selva amazónica, pero creo que no me escuchaba. Cambié de tema y le pregunté dónde vivía. Contestó: «En mi granja». «Al fin un tema interesante –pensé–. Si vive en una granja, seguro que es un amante de la naturaleza.» Pero después tuve un presentimiento horrible... «¿Y si fuera una de aquellas industrias de carne en que los pollos están en jaulas del tamaño de las cajas de zapatos y los cerdos tienen que dormir de pie porque no tienen ni siquiera sitio para tumbarse?» Mientras tanto, él había engullido también la hamburguesa de vísceras. ¡Tenía una expresión maravillosa! No quería distraerlo, pero me moría de curiosidad.

Le pregunté si era una granja agrícola de tipo industrial. Me miró otra vez con cara de pez y me dijo que no era para nada esa clase de granja. Casi me pongo a llorar de alegría.

–Es un criadero de animales para hacer abrigos de piel –respondió.

Necesité algunos segundos para entenderlo. Él estaba allí, delante de mí, con aspecto de estar contento, mientras que mi cabeza caía de golpe y porrazo contra la mesa (es un decir, claro). ¡No podía creerlo: primero el caparazón de tortuga, después el *fast food* y finalmente los animales para hacer abrigos! Estaba a punto de desmayarme y en cambio cogí el abrigo y me marché.

Llegué a casa echando chispas de la rabia. La pequeña víbora me salió al encuentro para decirme: «¿Ya estás en casa? ¿Tu ligue se ha ido a dormir?». Le contesté que papá tenía razón, que el ligue era un idiota retrasado y que además era gili... En aquel momento papá salió del salón y me dijo que no me permitía hablar de esa manera en casa (¿y por qué lo hace él entonces?). Mamá quiso saberlo todo con pelos y señales. Le conté que había alimentado una serpiente dentro de mí. Me preguntó si la víbora en cuestión era un chico y añadió que de todos modos esperaba que no lo hubiera alimentado precisamente allí. Le dije que era una respuesta muy estúpida, pero en cambio papá se divertía como un loco y se reía... Cuando quieren los padres saben ser realmente crueles. Los miré sin abrir la boca y corrí hasta mi habitación.

¡Todo este tiempo viví engañada y embaucada! ¡Odio a todos los chicos y en cuanto a Giles AIR (Asesino Idiota Retrasado), espero que mientras se ponga su bonito par de pantalones de visón, tropiece, se caiga por las escaleras, y se rompa el cuello! ¡Ya verás cómo volverá a mí arrastrándose e implorando mi perdón; pero no cederé, no cederé! Ya no me importa nada de él, puede llorar e implorar durante toda la eternidad; no saldré nunca, digo NUNCA, con él. Es más, por lo que a mí respecta, ¡se puede ir al infierno!

Besos,

Sammy (enfadada)

PD: He fundado un nuevo club; se llama NOTH (Nosotras Odiamos a Todos los Hombres). Es sólo para chicas desengañadas en cosas de amores y, como soy la fundadora, me he nombrado Presidenta. Como sé que has sufrido desengaños al menos doscientas o trescientas veces, si quieres puedo nombrarte secretaria de la Presidenta.

1 de diciembre

Querida Camila,
mis padres estarán fuera todo el día. Tendré que limpiar la casa, como me han encargado, pero tengo que escribirte una carta para contarte las novedades. Con Giles cada vez va peor... Acabo de descubrir que le había pedido a Carol que saliera con él antes de pedírmelo a mí. Pero como ella le dijo que estaba ocupada, ¡entonces me lo vino a pedir a mí! He sido un «apaño», ¿entiendes? Lo descubrí todo cuando Hemmings, arrastrándose hasta mí, me dijo que estaba muy contento de que ya no saliera con Giles y me preguntó si sabía lo de él y Carol. Le pregunté qué quería decir con eso y así fue como me contó toda la historia. Pero... ¡un momento! Llaman a la puerta. Ahora vuelvo.

Ya he vuelto... ¡Una noticia increíble! Olvídate de chicos y de otras tonterías parecidas. ¡Me he convertido en propietaria de un terreno!

En la puerta había un hombre con un traje nuevo, flamante, que se ha presentado como el representante del Comité Salvemos la Tierra. Ha venido a verme porque se ha enterado por un amigo que me interesa mucho la cuestión ambiental (soy una celebridad: ¡ahora me envían hasta a los amigos de los amigos!). Después el tipo me ha explicado que estaba recogiendo fondos para financiar la recuperación de la selva pluvial libia, amenazada casi irreparablemente. Como es natural, me he puesto furiosa. Pero ¿cómo es posible? ¿Siguen destruyendo las selvas? Sin embargo ¿cuánto aprenderemos de nuestros errores? Me ha propuesto comprar una hectárea de selva pluvial por sólo 20 billetes. A cambio me daría un certificado de propiedad y una carta de agradecimiento del gobierno libio. Pero ¿te das cuenta? ¡Una hectárea de selva totalmente mía! Si todos hiciéramos lo mismo, pronto seríamos propietarios de todas las selvas del mundo y no dejaríamos que nadie las destruyera. ¡Piensa cuánto oxígeno tendríamos al final a nuestra disposición!

Naturalmente he aceptado, pero había un problema. No tenía el dinero (aún tengo que acabar de pagar la reparación del aparato de música). Por suerte, estaba en casa mi hermana y le he pedido un préstamo. Me ha dicho que no tenía dinero y que no entendía por qué se tenía que salvar una selva. Pero ¿por qué tengo una hermana tan imbécil? Le he explicado que si no me daba el dinero también su futuro estaba en peligro. Me ha preguntado cómo era que una selva no salvada podía poner en peligro su futuro. Le he sonreído y le he dado un puñetazo en la nariz. Ha entendido al vuelo y ha aflojado los 20 billetes (¿cómo se lo debe hacer para te-

ner siempre tanto dinero?). Le he dado el dinero al tipo y él me ha entregado el certificado de propiedad y me ha dicho que la carta del gobierno libio me llegaría por correo. Es fantástico... ¡y está impreso en papel reciclado! ¿Sabías que los libios tienen aún problemas cuando tienen que escribir? Han escrito selva con «b» y «ectárea» en vez de hectárea. Le he enseñado las faltas al tipo, pero me ha dicho que era así, que era la manera árabe de escribir. Piensa que el certificado está firmado por el Primer Ministro en persona (o mejor dicho por el «Primer Minestro», como lo escriben ellos). Le he dicho que tengo un montón de amigos interesados en comprar tierras en Libia (por ejemplo, tú; si te interesa, mándame el dinero y te haré llegar el certificado). Él me ha contestado que hablaría con el gobierno libio para ver si había aún hectáreas en venta. ¡Siento que he hecho algo realmente grande! No sólo porque estoy salvando la selva pluvial sino porque he hecho una buena inversión para mi futuro. ¡Algún día podré construirme en mi hectárea una casa sólo mía! ¡Piensa qué bonito! ¡Vivir en la selva en contacto directo con la naturaleza! Ahora debo marcharme.

Besos,

Sammy
(propietaria latifundista
y defensora del medio
ambiente)

PD: Siento mucho que no quieras convertirte en la secretaria del NOTH.

PPD: Entiendo que se ha presentado en una Yamaha, pero no sé si el nombre de Rodney me gusta tanto. De todos modos, si fuera tú, antes de meterme extrañas ideas en la cabeza, esperaría a verlo sin casco.

2 de diciembre

Querida Camila,
no me envíes el dinero para la selva libia. Te lo explicaré todo en otra carta. Ahora no puedo. Piensa que he tenido que pagar a mi hermana para que meta esta carta en el buzón sin que mis padres la vean. He estado encerrada (pero encerrada de verdad) en mi habitación. Mañana te escribiré.

Besos,

Sammy
(ex propietaria latifundista
muy deprimida)

3 de diciembre

Querida Camila,

ahora puedo explicarte por qué ayer te escribí aquella carta tan misteriosa. Me he metido en un lío y esta vez la verdad es que la culpa es sólo mía. He sido víctima de una estafa gigantesca.

¿Te acuerdas del hombre que me vendió la hectárea de selva pluvial? Pues bien, después de enviarte aquella carta, eran casi las seis y llegaron mis padres. Fui a la cocina a preparar la cena y se esperaban encontrar encima de la mesa la compra que mi hermana debía haber hecho, tanto para la cena como para el domingo. Ella confesó que no había hecho la compra y mis padres se enfadaron. Yo añadí que durante todo el día aquella vaga no había hecho más que jugar con el ordenador y ya saboreaba su terrible final cuando la víbora me miró y, con toda su candidez, dijo que no había podido hacer la compra porque YO la había obligado a darle todo el dinero, diciéndole que si no la mataría. Y que como no quería morir, no había podido hacer otra cosa que entregarme el dinero que mamá le había dado para hacer la compra.

Como ya te estarás imaginando, ¡se desencadenó el drama! Mis padres explotaron hasta el techo, lo agujerearon, llegaron al piso de arriba, agujerearon también el techo y creo que llegaron hasta la luna. Mientras tanto, la víbora comenzó a llorar, repitió que no quería morir y que se había visto obligada a darme el dinero porque yo soy mayor, más fuerte y más prepotente que ella, y cosas por el estilo. Hubo un momento en que mis padres no la miraban, en que la víbora dejó de llorar y me hizo una mueca (para que veas lo víbora que es esa víbora).

Tuve que explicar la historia del hombre y del Comité Salvemos la Tierra y esperaba entonces que al menos mis padres apreciaran mi gesto. Dije también que creía que el dinero era de mi hermana, juré que lo devolvería todo y precisé que de ningún modo había amenazado con matarla. (Entonces la víbora fingió una gigantesca crisis histérica y siguió gritando que era todavía demasiado joven para morir.)

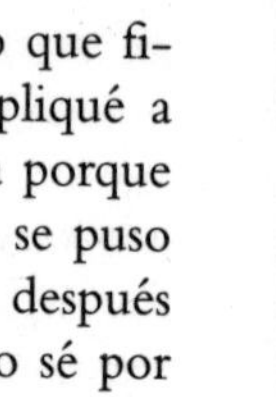

Al final les enseñé el certificado, esperando que finalmente mis padres se convencieran. Le expliqué a papá que debíamos salvar la selva pluvial libia porque estaba cerca de la destrucción completa. Papá se puso rígido, me miró de una manera muy extraña y después dijo con un hilo de voz: «¿La selva libia?». No sé por qué pero durante un rato continuó repitiendo «selva libia» enfatizando cada vez más «libia».

Yo asentía y sonreía. Estaba convencida de que al final lo había entendido. Me arrancó el certificado de la mano y lo miró. Después empezó a repetir «libia» y casi parecía una bonita canción. Mamá se unió a él: «¿La selva pluvial libia? ¿La selva libia?, ¿libia?, ¿libia?». Yo seguía asintiendo y, de pronto, me uní al coro: «¿La selva libia?, ¿libia?». En cuanto abrí la boca, mi madre y mi padre dejaron de cantar, la víbora dejó de gimotear y todos se pusieron a mirarme. Yo también dejé de cantar. Papá interrumpió el silencio, pero no volvió a cantar. En cambio, dijo: «¡¡PERO QUÉ SELVA LIBIA DEL C...!! ¡IDIOTA, QUE NO ERES MÁS QUE UNA IDIOTA! ¡VEN AQUÍ!». Me cogió y me arrastró hasta la librería. Cogió el atlas, lo hojeó hasta encontrar la página de África y después puso el dedo sobre África septentrional.

–¿Y según tú dónde tendría que estar esa selva libia del c...? –me preguntó.

Miré el mapa, pero sólo aparecía el color de la arena del desierto. Miré otra vez, pasé la página para encontrar un poco de verde..., pero nada. En la página siguiente estaba sólo el mar Adriático.

Miré nuevamente África septentrional y lo entendí.

–Era de esperar –añadí–. Hemos llegado demasiado tarde. Ya han destruido toda la selva pluvial.

Papá se puso aún más furioso. Me miró fijamente a los ojos y me dijo que lo único que se podía comprar en Libia era la arena de aquel maldito desierto del c... (Yo sabía que en el desierto también hay frondosos oasis. Efectivamente, antes de escribirte lo he mirado en la biblioteca del colegio y es así. Pero es mejor no decírselo a papá, podría despertarle feos recuerdos.)

Me sacudía la carta y el certificado delante de los ojos y, mientras tanto, balbuceaba sobre idioteces ecologistas y de idiotas que ojalá no hubieran nacido. Me enseñó las faltas en el certificado y me preguntó si era tan ignorante que ni siquiera me había dado cuenta de que todo estaba mal escrito. Le expliqué que era la manera árabe de escribir, pero él miró al techo, miró a mamá para decirle algo sobre el control de nacimientos y al final comunicó que iría al restaurante chino para encargar algo de comer, dado que en aquel momento aquel pícaro estaba cenando con su dinero. Mamá se marchó con él y, naturalmente, mi hermana los siguió. Sabía que en cuanto la pillara sola la llenaría de golpes.

Por lo demás, el fin de semana ha sido un aburrimiento mortal. Estoy encerrada en casa y tengo que devolver, uno a uno, las veinte billetes. Esperaba que cuando llegara la carta del gobierno libio finalmente me creerían. Pero hablé con Rempton, el profe de geografía, y vi la expresión irónica de Booth cuando le hablé de la selva libia, y creo que la carta no llegará nunca. No existe ninguna selva libia. Así pues no salgo de casa bajo ninguna circunstancia. Y pensar que en el fondo quería salvar el mundo... ¡Cómo explicarselo a mis padres! Ahora ya no me entenderán nunca.

Besos,

Sammy (incomprendida)

PD: ¡Pobre Rodney! Está claro que si sigue levantando la rueda delantera de la moto, antes o después, le pasará algo realmente malo. Menos mal que está vez sólo se empotró contra la furgoneta de los muebles. Tu madre debería avergonzarse: ¿qué necesidad tenía de hacerse llevar a casa un nuevo sofá?

PPD: ¿No has cambiado de idea sobre el NOTH?

9 de diciembre

Querida Camila,
gracias por tu última carta. Me he calmado un poco después del desastre con Libia y, aunque mis padres están ahora enfadados conmigo, han abierto el cerrojo de la puerta de mi habitación para que tome un poco el aire. Pero hay otra razón por la que estoy contenta. GRANDES NOVEDADES: ayer por la noche salí otra vez con Giles. Sí, ya me acuerdo de lo que dije, pero también tú has vuelto con Bernard cuando él te imploró que lo tomaras entre tus brazos (¡y tendrías que avergonzarte de no haberle dicho nada todavía a Asif!).

Entendámonos, no es que Giles haya implorado mucho. La verdad es que cada vez que me lo encontraba por casualidad (y sucedía al menos dos veces al día; sabes, el aire del lago es estupendo y por eso voy allí a pasear), me miraba con una expresión más bien ausente. Si no lo conociera bien, diría que se esforzaba en recordar dónde me había visto antes. Evidentemente, yo lo evitaba; pero ya sabes que algunas veces el destino hace que dos personas se encuentren, sobre todo si sus colegios están cerca el uno del otro.

Sea como fuere quería darle la posibilidad de disculparse por haberme tratado de aquel modo incalificable. No soportaba la idea de que no pudiera dormir por las noches, atormentado por el remordimiento y el sentimiento de culpa. Al final me decidí: lo perdonaría si se mostraba un poco amable conmigo.

–¿Qué pensabas obtener tratándome de esa manera, feo gusano? –le dije, provocándole, cuando nos encontramos.

Él se quedó como una piedra y se puso a balbucear. Si hubiera sido Michael Hemmings me habría dicho que me fuera a jugar a la mosca ciega en la autopista, pero como es mucho, mucho más maduro me contestó que sentía haberme ofendido. ¡Es del todo cierto que las buenas maneras no se improvisan! Dije que si realmente lo sentía, quizás algún día podría perdonarlo. Luego le pregunté qué iba a hacer esa noche y, como no deseaba evasivas, le dije que pasara a buscarme después de la cena, que así podría descuartizar toda la carne sanguinolenta que necesitaba sin mí.

Cuando llegamos al centro, conseguí alejarlo de la puerta del cine Pesadilla (la enésima entrega de Freddie Kruger, que esta vez consigue recuperarse después de haber sido reducido a carne para hacer salchichas y hace pedazos a un montón de chiquillos antipáticos) y lo llevé a la sala de arriba (un cuchitril con catorce asientos) donde daban *Cyrano de Bergerac*. Él se medio durmió y yo saqué un paquete de kleenex de papel (reciclado).

Pero algo de la película vio, porque al final, cuando le pregunté qué le había parecido, dijo que los duelos estaban muy bien hechos, pero que no había entendido quién era ese tipo de la nariz larga. Debía estar todavía medio dormido cuando salimos del cine, pues estaba a punto de irse por su cuenta y tuve que insistir para que me acompañara a casa. Pero ni se me ocurrió invitarlo a que entrara a tomar un café. Y no sólo por lo de la selva amazónica, sino también porque papá hubiera explotado si hubiera oído pronunciar el apellido Wilson-Crawley. Si hubiese hecho entrar a Giles en casa, probablemente le hubiera soltado los perros (si hubiésemos tenido perros). ¡La familia! Pero ¿quién la inventó?

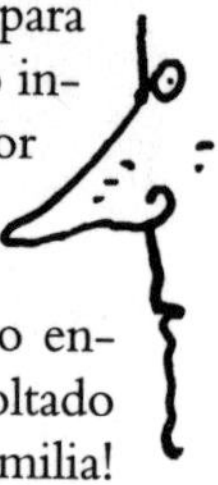

Besos,

Sammy

PD: Este año la Navidad será una maravilla. Ya estoy mirando por ahí para decidir qué quiero que me regale Giles como sorpresa.¡Por no hablar del muérdago que estoy acumulando! ¡Mmmmmmm!

PPD: He disuelto el NOTH.

14 de diciembre

Querida Camila,
te lo tengo que decir. Tu última carta podría haberla escrito Michael Hemmings (y mira que no hay en el mundo un insulto peor que éste). Para empezar, no he renunciado a mis ideales ecologistas porque ahora me veo con Giles. La historia del criadero se ha aclarado: Giles no tiene nada que ver, sólo se ocupa su madre. Me parece haber entendido que la madre no quiere a una persona dura de mollera como él cerca de su ángulo de visión. O sea, como puedes ver, todo está en su sitio.

Al fin y al cabo, ¿por qué las culpas de los padres deben siempre recaer en los hijos? Si así fuera, estaríamos todos en la cárcel. De todos modos, le he hecho prometer que tiraría su colección de mariposas y que haría enseguida un donativo a la campaña para salvaguardar la selva amazónica. Ha dicho que sí, pero antes de tirarlo todo tiene que acabar de catalogar las mariposas que ha recogido. A mí ya me basta con eso.

Estoy intentando que Giles entienda lo importante que es el medio ambiente. Y la verdad es que es un trabajo realmente extenuante. Él se interesa por cualquier cosa si puede cabalgarla, cazarla, engancharla al anzuelo o clavarla con una aguja en un cartón. A decir verdad, pensaba que lo había conseguido. Le había pedido que me ayudara a preparar un manifiesto contra la destrucción del ozono para enviarlo al concurso de Navidad de los Amigos del Planeta. Había dibujado los renos de Papá Noel, tosiendo a causa del agujero de ozono.

Le pedí que escribiera «ABAJO EL CFC» y él se puso enseguida manos a la obra. Nunca lo había visto tan concentrado, decidido y convencido. Estaba muy satisfecha de haberlo llevado a mi terreno y le enseñé el dibujo que estaba acabando: una mano que sostenía un spray y que apuntaba a los renos. Me preguntó qué era eso. Le expliqué que el CFC era el gas utilizado en todos los sprays y que, ese gas estaba destruyendo la selva amazónica porque provocaba las lluvias ácidas. Me dijo que creía que el CFC era el Chelsea Football Club y que él odiaba al Chelsea porque era aficionado del Arsenal.

Todo esto es sólo para decirte que no he abandonado para nada mis ideas y que, es más, insistiré con Giles. ¡Sí, por él vale la pena luchar!

Besos,

Sammy

PD: En la última carta hablabas de un cierto Malachi. ¿Es un chico o te has equivocado escribiendo? Cuéntame.

17 de diciembre

Querida Camila,
gracias por la felicitación. El dibujo de los copos de nieve era muy mono, pero deberías avergonzarte. ¡No era papel reciclado! Pero ¿sabes cuántos árboles han talado solamente para hacer esa felicitación? Te lo digo yo: ¡MILLONES! Hicimos una reunión extraordinaria de los Amigos de la Tierra. El tema era: «La verdad sobre la Navidad». Booth nos explicó que la Navidad es una catástrofe para el medio ambiente. También nos explicó con muchos detalles qué les hacen a los millones y millones de pavos que acaban en nuestras mesas para la comida de Navidad. ¡Francamente desagradable! He decidido hacerme vegetariana y empezaré el día de Navidad. El lema de este año será: «Paz para todos los hombres de buena voluntad y sobre todo para los pavos».

Booth nos dijo que cada año, antes de Navidad, se talan millones y millones de árboles –no sólo para hacer las felicitaciones sino también para venderlos como árboles de Navidad–, centenares y centenares de bosques que son destruidos para siempre. Booth dice que es una estúpida pérdida de tiempo y de dinero, porque los árboles se tienen en las casas sólo dos semanas, adornados con esas estúpidas lucecitas, muñequitos y bolas de colores y después se tiran. Un auténtico defensor del medio ambiente no aceptaría «nunca» tener en casa un árbol de Navidad de verdad.

Jane (como de costumbre) dijo que los árboles de Navidad le parecían bonitos, que la hacían feliz y que los de mentira no olían a árbol. ¡Tomé la palabra para preguntarle si sería feliz el día que el mundo se convirtiera en un único y gran desierto porque todos los árboles habrían sido talados para colgar de ellos estúpidas lucecitas y bolas de colores! Me miró turbada y algo preocupada. Es evidente que sabía que se había equivocado. Al final de la reunión teníamos una hora con la señora Junket. La profe estaba achispada (probablemente se había tomado un vasito de jerez) y nos salió con un discurso sobre la discriminación hombre-mujer en Navidad. Por ejemplo, ¿quién es símbolo de la persona generosa que regala cosas a todos? ¡Un hombre, no una mujer! (En efecto Mamá Noel no suena muy bien.) Nos preguntó si conocíamos alguna otra cosa que hacía de la Navidad la fiesta por excelencia contra la mujer. Jane levantó la mano para decir que, cada año, su familia hace el muñeco de nieve y nunca la muñeca. Michael Hemmings se puso, enseguida, a hablar de muñecos, muñecas y bolas, pero la señora

Junket lo sacó fuera de la clase y lo envió a ver a Adolf (según Hemmings, Adolf se divirtió como un loco cuando le contó lo del muñeco y la muñeca, pero yo creo que es una de sus mentiras de costumbre). La señora Junket nos hizo escribir un poema alternativo sobre la Navidad. Yo escribí uno sobre el medio ambiente (¿lo dudabas?).

VERDE NAVIDAD

Sueño una Verde Navidad como nunca se ha visto llegar.
Sin pavos asados ni hornos encendidos para cocinar
y con postales de felicitación tan sólo de papel ecológico para enviar.
He aquí un pensamiento que me daría la felicidad.
Sueño una Verde Navidad sin el efecto invernadero que nos hace sudar,
sin el derretimiento del hielo que nos ahogará
y sin el agujero de ozono que no nos dejará respirar.
Podemos conseguirlo, tú también puedes ayudar.
Sueño una Verde Navidad, lo mejor que se pueda desear,
en la que el aire estará fresco al fin y sin plomo estará.
Por eso deseo una Navidad Verde a todos por igual.

Fantástica, ¿verdad? Cuando la señora Junket la leyó, me dijo que era estupenda y me puso un ¡¡¡9!!! (¡debía estar un poco achispada a causa del jerez!). Hace tiempo que no veo a Giles. Últimamente va a menudo a montar a caballo. A mí también me gustaría ir, pero seguro que me caería del caballo (y además él no me lo ha preguntado). ¡Oh, desesperada de mí! La distancia aumenta aún más el amor que siento...

Besos

Sammy

PD: Estoy contenta de que Malachi no sea un error de escritura, pero no creo que sea una buena idea dejarlo justo antes de Navidad. Le destrozarías el corazón (¡y te perderías su regalo!).

PPD: Pero ¿de verdad se llama Malachi?

20 de diciembre

Querida Camila,
¿ya me has comprado mi regalo? Te lo pregunto porque fui con Giles de compras y él me regaló un libro titulado *Qué verde era mi valle*. Creo que habla del medio ambiente (es de tapas duras y he tenido que insistir muy poco para que me lo regalara). O sea que tú no me lo compres o lo tendré doble. ¿De acuerdo? No conseguía encontrar nada para él (nada que pueda permitirme) y ya empezaba a resignarme cuando hoy he tenido un gran golpe de suerte. Ha vuelto el señor Smith (el que recicla, ¿te acuerdas?) y precisamente cuando estaba sola en casa. (¿No es curioso que llegue siempre cuando mis padres no están?)

En realidad no estaba demasiado contenta de verlo después de la historia del casete. Según él no eran compatibles con el bias de mi magnetófono (quién sabe qué significa...). Le conté que su casete acabó con un Bang&Olufsen y él refunfuñó no sé qué sobre «las porquerías japonesas de dos duros». Le recordé que la máquina de escribir también se había roto y le pregunté si reciclaba objetos reciclados. Estaba un poco confuso. En mi opinión recicla tantas cosas que a veces no sabe ni siquiera qué tiene y qué no tiene (seguro que acababa de reciclar algo porque apestaba otra vez a alcohol).

De todos modos me dijo que como era Navidad, estaba reciclando objetos navideños y me preguntó si estaba interesada en comprar luces para el árbol. ¡Una coincidencia realmente increíble! En casa acababa de haber un alboroto terrible precisamente por culpa del árbol de Navidad. Te hablé de la reunión de los Amigos de la Tierra sobre la Navidad y los árboles que son talados para nada, ¿verdad? Pues bien, ayer papá volvió a casa con un árbol enorme y estaba tan contento que canturreaba *Navidades Blancas* y besaba a mi madre (debía de haber pasado por el bar antes de venir a casa). Le pregunté por qué traía a casa un árbol muerto. Me contestó, riéndose, que lo hacía cada año en diciembre: traía a casa el árbol de Navidad para decorarlo. Le espeté un buen montón de argumentos sobre la pérdida de dinero, de tiempo y de energías y le expliqué que, siendo yo una auténtica defensora del medio ambiente, no podía aceptar la presencia de un árbol en casa.

Me temo que usé precisamente las palabras equivocadas.

De repente papá se transformó. De Papá Noel se convirtió en Freddie Kruger y empezó a decir un montón de cosas (muchas de ellas incomprensibles): que aquélla era su casa, que no podía vivir más con una bruja disfrazada de niña y que, si tenía que elegir entre qué tener en casa y qué sacar fuera, esperaba que me gustara meterme hasta las rodillas en el estiércol de los caballos (no dijo «estiércol», dijo aquella otra palabra fea que no puedo repetir).

La víbora de mi hermana intervino diciendo que si no había árbol de Navidad era inútil que me comprara un regalo, ya que después no podría ponerlo debajo. Mis padres estuvieron de acuerdo (¡increíble!) y prometieron separar el dinero que se ahorraran con mis regalos o donarlo a alguna sociedad benéfica y ecologista.

Naturalmente, yo no tenía ninguna intención de ceder a aquel chantaje, pero tampoco quería obligarlos a tomar decisiones de las que iban a arrepentirse. Dije que era muy fácil tomarla siempre conmigo y me quedé en mi habitación toda la noche. Esta mañana, cuando me he levantado, habían salido ya todos y esto sólo pasa cuando me he metido en líos (creo que quieren que escarmiente, creen que me lo merezco). Por eso cuando llegó el señor Smith y me ofreció las lucecitas pensé que al fin tendría la posibilidad de recuperar el afecto de mis padres y volver al principio de la lista de los regalos de Navidad. «Las lucecitas del año pasado ya están hechas una auténtica porquería y por eso si compro unas nuevas –pensé–, mis padres volverán a confiar en mí.» Me acordé de otra cosa. Giles me contó que en su casa es él quien se ocupa del árbol (seguramente su padre está demasiado ocupado sacando de quicio a mi padre y la madre se pasa el tiempo ensañándose con los pobres visones), y que las lucecitas están medio fundidas: ¡o sea que solucionado el problema de qué regalarle a Giles!

Le pedí al señor Smith que me hiciera un precio especial por dos hileras de lucecitas, porque era yo y porque era Navidad, y me pidió solamente diez libras. «¡Toda una ganga!», pensé y las cogí al vuelo. Piensa que se puso tan contento que comenzó a cantar (nunca había oído su versión de *Navidades Blancas*: había un montón de palabras extrañas). Cuando volvieron mis padres (con una montaña de regalos para la víbora), admití que me había equivocado con lo del árbol y, para disculparme de haber estropeado la fiesta la noche anterior, dije que había comprado unas lucecitas nuevas.

–Dios mío, se está disculpando..., ¡debe de estar enferma! –dijo mi padre.

Pero mamá replicó que era un encanto de niña y que quizá Papá Noel encontraría algún minuto para detenerse en el camino y traerme algún regalo.

En efecto, fueron todos muy amables conmigo y me parece que este año necesitaré un armario entero para guardar mis regalos.

Besos,

Sammy

PD: He encargado una tonelada de muérdago. ¡Giles, prepárate, voy a ir a buscarte!

PPD: ¡Feliz Navidad!

Navidad

Querida Camila,
perdona por las gotas de cera en la carta, pero por desgracia te estoy escribiendo a la luz de las velas, no porque sea muy romántico, sino porque nos hemos quedado sin luz y te juro que no ha sido mi culpa, aunque mis padres dicen exactamente lo contrario.

Te cuento. Ayer puse las lucecitas en el árbol junto a las bolas de cristal y a las campanitas. Por lo general encendemos el árbol la vigilia de Navidad y, por eso, cuando papá volvió a casa, puse a toda la familia delante del árbol para el gran momento. A decir verdad, todavía estoy confusa por lo que pasó después. Cuando encendí las luces se oyó un ruido terrible, me pareció que volaba por los aires y la casa se sumió en la oscuridad absoluta. Se oían gritos desesperados y no se sabía si era mamá, papá, mi hermana o yo... o todos juntos. Después, de repente, vi un resplandor alrededor del árbol y pensé: «¡Qué bonito! ¡Las luces se han encendido produciendo un efecto especial!».

Me equivoqué de cabo a rabo. El árbol se había incendiado. Mi madre se puso a dar voces con palabras que por lo general sólo oigo a la hora del recreo, mientras papá se dedicaba a traer botellas de agua mineral para apagar las llamas. Cuando apagamos el incendio, la oscuridad era total y mamá casi se rompe una pierna contra los muebles intentando encontrar el contador. Resumiendo (la historia podría ser muy larga y penosa), parece ser que las lucecitas estaban defectuosas y que hicieron saltar los plomos. Durante una hora, papá consultó las páginas amarillas y al final consiguió encontrar a un electricista dispuesto a trabajar la vigilia de Navidad. Vino, examinó el contador y dijo que no tenía arreglo y que no podía hacer nada hasta después de vacaciones. Cobró una cantidad astronómica y se marchó.

Tuve que explicárselo todo a papá y él no se lo tomó muy bien. Dijo que si pillaba a este señor Smith, lo reciclaba de la cabeza a los pies y hasta se permitió el lujo de decir que sólo una idiota, como yo, podía darle dinero a un bribón alcoholizado. Entonces dejé de escucharlo porque me acordé de algo terrible. Si nuestras lucecitas habían provocado aquel desastre, ¿qué habría sucedido con las que le había regalado a Giles? Papá estaba a punto de explotar de rabia cuando yo corrí al teléfono... Ya había marcado el número, pero después colgué. Pensé que si sus lucecitas funcionaban bien quedaría como una tonta, llamando para preguntar si mi regalo había incendiado por casualidad la casa. En cambio si hacía ver que no pasaba nada, siempre podía decir que las nuestras habían funcionado de maravilla y que era extraño que sólo las suyas fueran defectuosas.

Creo que haré eso. Ahora tengo que dejarte, la vela casi se ha acabado.

Besos,

Sammy

PD: El regalo que me enviaste ya no existe. Lo puse debajo del árbol. De todos modos gracias, fuera lo que fuese.

PPD: Al menos no tendré que armar jaleo con mis padres por no querer el pavo navideño: ¡el horno eléctrico no funciona y en consecuencia no habrá ningún pavo! A menos que mamá consiga cocinarlo en el cámping-gas de papá.

PPPD: ¡Feliz Navidad!

5 de enero

Querida Camila,
espero que hayas pasado una Navidad mejor que la mía. He estado encerrada en casa prácticamente todas las vacaciones. La noche de Navidad me sentía tan culpable por no haber advertido a Giles, que no pegué ojo. Zoe me llamó al día siguiente para preguntarme si sabía algo de Giles Wilson-Crawley. Al parecer «alguien» le había regalado unas lucecitas defectuosas y cuando las encendió, el contador eléctrico de casa y de toda la granja saltó por los aires, con un ruido increíble, que hizo casi enloquecer a los visones (¡qué estupidez! Si estuviera a punto de convertirme en un abrigo de piel, enloquecería con o sin corriente eléctrica). Naturalmente, hice ver que no sabía nada, pero creo que no fui demasiado convincente.

Aunque hubiera tenido permiso para salir no hubiera tenido el coraje de dejarme ver por ahí, pues hubiera corrido el riesgo de encontrarme con Giles. ¡Piensa en todo el muérdago que he desperdiciado! De todos modos, mis padres me hicieron salir de la cárcel, precisa-

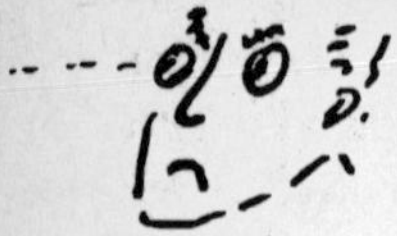

mente el último día del año, y me saqué de encima cualquier sentimiento de culpa cuando fui a dar un paseo y pesqué a Giles hablando con Carol. Les felicité el Año Nuevo entre la desenvoltura y la indiferencia. Él no respondió, pero me lanzó una mirada láser aniquiladora.

Mira, por cínico que te parezca tengo que decírtelo. Giles es una persona horrible, igual que mi padre y mi madre. ¡Es verdad! Si no entiende que no fue culpa mía que las lucecitas no funcionaran bien.... bueno, ¡entonces que caiga de bruces en los brazos de Carol!

Los regalos fueron más o menos iguales que los otros años (aunque alguno se quemó con el árbol): sales de baño, jabón, desodorante, perfume, etc. Hay una pregunta que me atormenta: ¿por qué me compran precisamente esta clase de cosas? ¿Intentan decirme que apesto? Mi hermana me regaló un libro titulado *Cómo convertirse en un auténtico defensor del medio ambiente*, pero antes que seguir esos consejos, prefiero ir por la calle desnuda. Por ejemplo, en las axilas deberías ponerte, en lugar de desodorante, ¡agua y bicarbonato! ¡Qué asco! En mi opinión en cuando te pones a sudar, te sale de las axilas una espuma amarillenta como la de los perros rabiosos.

A propósito de perros, el primer día de colegio, Michael Hemmings trajo un periódico que hablaba del apagón eléctrico en la granja y empezó a desbarrar sobre la

cuestión. Como estoy convencida de que no fue culpa mía, les hablé a todos de las lucecitas, del señor Smith y de sus productos reciclados, de que sólo lleva ropa reciclada y de que a menudo apesta a alcohol debido a las operaciones de limpieza. Hemmings me pidió que describiera al señor Smith y cuando lo hice se puso a reír y me dijo que aquél no era el señor Smith. Lo llaman Alfie, *el Loco*, y es un bribón alcoholizado que va por ahí buscando tontos de capirote a los que venderles sus trastos. «Por ejemplo, como tú», concluyó. Te puedes imaginar lo estúpida que me sentí. Por suerte estaba a punto de acabarse la clase e hice una gran fuga estratégica. Mientras me marchaba, oí cómo Hemmings *Gran Gusano* seguía riéndose y riéndose y riéndose.

Yo todavía pienso que reciclar las cosas que se tiran a la basura es una gran idea, pero después de la historia de las lucecitas y la del casete he hecho una lista de buenos propósitos para el año nuevo:

1. Juro no comprarle nunca más nada a Alfie, *el Loco*.

2. Juro no decirle nunca a papá quién es en realidad el señor Smith.

3. Juro que me haré yo la comida (me ha obligado mamá. Me dijo que no tenía ninguna intención de cocinar dos veces y que si quiero ser realmente vegetariana, deberé aprender a cocinar).

4. Juro que perdonaré a Giles por haber sido una persona horrible conmigo, aunque siga convencida de que no fue culpa mía.

¿Y tú qué prometes hacer en ese año que está a punto de empezar? ¿Te olvidarás de los hombres?

(Ah, ah, ah, pillina...)

Besos,

Sammy (vegetariana)

PD: *Qué verde era mi valle* (se quemó solamente un poco) no habla para nada del medio ambiente. Es sólo una historia arrancalágrimas de mineros galeses. No deberían permitir que se usara la palabra «verde» en el título de un libro si no habla del medio ambiente.

10 de enero

Querida Camila,
¡SUPERDEPRESIÓN! Giles aún no me habla y por eso decidí realizar el propósito número 4 para el Año Nuevo, es decir, perdonarlo. Lo busqué por todas partes y cuando finalmente lo encontré, le dije que lo perdonaba por haberse enfadado conmigo a causa de las lucecitas, aunque la culpa no fuera mía. Él me miró, gritó un «¡Hurra!» y se marchó. Más tarde lo vi entrar en el *fast food* acompañado de Carol. Resulta penoso que le zumbe alrededor sólo para darme celos. ¡Como si estos métodos funcionaran conmigo!

Besos,

Sammy
(vegetariana deprimida)

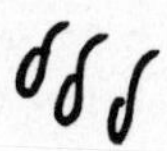

PD: La cadena de oro que te regaló Malachi debe ser realmente bonita. Pero ¿tú crees que ha sido una buena idea darle una patada en el trasero después de un regalo así? ¿No te parece un comportamiento un poco demasiado cruel?

PPD: Estoy pensando seriamente en volver a abrir el NOTH.

17 de enero

Querida Camila,
he intentado poner en práctica tus consejos. He evitado en la medida de lo posible a Giles y no le he dirigido la palabra, pero no es verdad que él vaya a volver corriendo como tú dices. Es más, me parece que está contento de no verme y de no hablarme. Lo único que me da rabia es que Carol le ha dicho que vaya a... (me lo contó Hemmings, que lo sabe todo de todos).

¡Y por eso el feliz Año Nuevo, de feliz no tiene nada!

Besos,

Sammy (aún vegetariana
pero también deprimida)

20 de enero

Querida Camila,
cada día que pasa las cosas se ponen más feas. ¡Sólo faltaba la gripe! (¡Estoy segura de que de alguna manera es culpa del efecto invernadero!) Estoy en la cama y me encuentro muy mal, por eso mientras lees, aparta la carta bien lejos si no quieres enfermar también tú. En la televisión se ven siempre padres diligentes que refrescan la frente de sus niños enfermos con un pañuelo mojado. Aquí no sucede nada de eso. Mis padres abren la puerta de vez en cuando y, sin entrar, arrojan una especie de desinfectante en el aire. Después papá, cuando me da el jarabe para la tos, casi casi preferiría tirarme directamente la botella a la cabeza. En resumen, que no puedo salir porque tengo la gripe y porque me han castigado.

Todo sucedió cuando fui de compras con mamá. Después del supermercado, paramos para poner gasolina. Mamá estaba histérica porque llegaba tarde a la terapia floral de grupo –hacen cosas como la meditación zen aplicada al cultivo de geranios– y, en su opinión, la culpa era mía porque había perdido el tiempo discutiendo con un dependiente porque sólo tenía quesos prefabricados. Acababa de sacar la tapa del depósito cuando se puso a gritar que se había olvidado el papel higiénico. Le dije que ya me ocupaba yo de poner la gasolina y, así, mientras tanto, ella podía ir a buscar el papel higiénico, ¡naturalmente reciclado! Debía estar presa del pánico porque me miró al menos veinte veces y me gritó algo incomprensible sobre la gasolina súper antes de volver al supermercado.

Miré la bomba de gasolina y me di cuenta de que había dos pistolas: una roja para la súper y otra verde para la gasolina sin plomo. He leído tantas veces el daño que hace el plomo que no pensé dos veces qué pistola escoger. Cogí la pistola verde y llené el depósito, cerré el depósito y fui a pagar. Estaba sentada en el coche, contenta por mi buena acción, cuando mamá volvió y me dijo que tenía que irme a casa en autobús porque no tenía tiempo de acompañarme. Me hizo bajar y se marchó derrapando como si estuviera haciendo una carrera de Fórmula 1. No supe que algo había ido mal hasta la noche, cuando papá volvió a casa sin aliento. Mamá le había llamado porque el coche se había roto. Había salido antes del trabajo y Wilson-Crawley (el viejo, no Giles) lo había tratado fatal. Le pregunté qué le había pasado al coche. Me dijo que el motor se había escacharrado. Miré el coche, pero me parecía igual que siempre. Entonces mi padre empezó a representar su papel preferido, el de policía que te inmoviliza con un interrogatorio de tercer grado.

–¡Te conviene decírmelo enseguida! ¿Qué le has hecho al coche? –me preguntó.

–Perdona, ¿te parece justo que así, yendo a pie, la culpa tuviera que ser mía?

Le dije que había puesto gasolina y él empezó a repetir la palabra «gasolina» saltando de un lado a otro como un canguro.

–¿Qué clase de gasolina? –me preguntó.

–«Sin plomo» –contesté.

Se puso completamente rojo y te juro que por un momento hasta los ojos se le salieron de las órbitas. Estaba dispuesto a torturarme y por eso me escondí detrás del sofá. Pero ¿cómo podía ser tan idiota, sin cerebro, alelada y retrasada pensando que se puede poner gasolina sin plomo en todos los coches? Si era tan estúpida, ¿por qué no me bebía yo la gasolina sin plomo?

Qué cosas más bonitas para oír, ¿verdad? De todos modos, salió a la carrera y comprendí que estaba fuera de sus casillas, porque volvió del garaje con un bidón y un tubo de goma y sacó, chupando, la gasolina del depósito del coche para meterla en el bidón. Al final tenía un aspecto horrible y aún ahora dice que todavía nota en la boca el sabor de la gasolina. No pudo vaciar del todo el depósito, pero tampoco se calmó cuando el mecánico le dijo que, a pesar de que el motor no puede funcionar con gasolina sin plomo, seguramente los daños no habían sido graves. Con mamá, después, aún fue peor: le dijo de todo porque me había dejado sola en la gasolinera y luego nos hizo sentar a mí, y a mi hermanita, en el salón, mientras él y mamá se fueron a la cocina para hacer un Intercambio Pacífico de Opiniones, como dicen los políticos (aún hay señales en las paredes). Resultado: ahora que estoy tan enferma no me merezco ningún tipo de solidaridad, hasta tal punto que en lugar de contribuir a mi curación, proporcionándome la serenidad que necesito, cada mañana me obligan a levantarme y a que dé MI dosis de solidaridad (lo que significa pasar el aspirador por toda la habitación). ¡Me gustaría ver cómo se sentirán cuando la pulmonía acabe con mi vida!

Besos,

Sammy (otra vez detenida,
sección H de máxima seguridad)

PD: En cuanto a Giles, ninguna novedad. En mi opinión, ¡está esperando que llegue San Valentín para confesar que me ama locamente!

29 de enero

Querida Camila,

en esta carta no encontrarás nada sobre Giles. ¡Es más, juro que no nombraré nunca más a Giles Wilson-Crawley! Si prefiere no verme, es él quien se lo pierde, no yo.

Me he recuperado de la gripe. Cuando volví al colegio, todos estuvieron muy simpáticos conmigo y me preguntaron si estaba bien. Booth dijo que las reuniones de los Amigos de la Tierra no eran las mismas sin mí y esperaba que siguiera dedicándome al medio ambiente. Le respondí que por supuesto lo haría. Estaba muy, muy orgullosa de mí misma. ¡Por eso al diablo con Giles y viva el medio ambiente! (Perdona, ya sé que no tenía que volver a decir su nombre, pero esta vez no cuenta y de ahora en adelante respetaré mi propósito.)

Cuando todavía tenía la gripe, una noche miré las noticias en la tele y había un reportaje sobre los delfines que quedan atrapados en las redes de arrastre... ¡Un espectáculo horrible! Los delfines respiran aire como nosotros y cuando quedan atrapados en las redes, no consiguen llegar a la superficie y mueren asfixiados. El presentador dijo también que los japoneses tenían intención de reanudar la caza de la ballena para fines científicos. Me puse furiosa. Empecé a insultar a la televisión. Papá me dijo que me callara y entonces le dije que ¡¡¡qué dirían los japoneses si las ballenas hubieran empezado a arponearlos con fines científicos!!! Me miró con la indiferencia de costumbre y añadió que eso no sucedería nunca.

Dije que eso era una catástrofe y que deberíamos boicotear todos los productos japoneses, hasta los televisores, los vídeos, los aparatos de música, los hornos microondas, las lavadoras, las secadoras, los magnetófonos, las radios y también aquel aparato para exprimir los pomelos que mamá tiene debajo del lavadero de la cocina. Mamá me comentó que el coche de papá era un Nissan, o sea japonés. Papá nos aclaró que había sido construido en Inglaterra y que por eso no contaba. Dije que de todos modos era japonés y él respondió que entonces «todo» era japonés. Añadí que escribiría una dura carta de protesta a la embajada japonesa y entonces papá saltó y me dijo que ni lo intentara, que ya estaba harto de mis estúpidos gestos heroicos y que sólo faltaba que perdiera el trabajo por alguna de mis estúpidas ideas. No entendí qué relación había entre una cosa y otra hasta que me acordé de que el año pasado su empresa fue comprada por una empresa japonesa. Será mejor que me mueva con cautela. (He decidido no escribir enseguida la carta de protesta. Lo hago por su bien y también porque, después de la historia de la gasolina, no me conviene provocarlo demasiado.)

De todas maneras, puse punto final al asunto diciendo que boicotearía los productos japoneses. Eso significa que ya no puedo mirar la televisión, pero, aun así, sólo hacen programas aburridos (excepto *Beverly Hills 90210*, naturalmente, aunque siempre puedo ir a mirarlo a casa de Jane, pues su televisor es alemán). El magnetófono no podré escucharlo de todos modos, porque, después de la fea historia con el señor Smith, no puedo ni mirar el aparato de lejos. Podría usar el *walkman*, pero el mío es japonés y tendré que pedirle a Jane que me preste su Philips. Aun así sería inútil, ya que funciona fatal: o va demasiado rápido y te parece oír coros de patos o demasiado lento y parece una vaca que desafine.

Sin embargo, estoy dispuesta a todo con tal de llevar a la práctica mis principios, hasta a sufrir. Ni siquiera tengo el apoyo de mi familia; es más, ellos intentan ridiculizarme como sea. Además, mamá lo hace todo especialmente difícil. El lunes paró el lavavajillas y me dijo que como no podía usar productos japoneses, los platos los lavaría siempre yo. Añadí que deberían hacerse turnos, pero me contestó que era yo la que boicoteaba los productos japoneses y que, en casa, nadie más tenía nada en contra de los lavavajillas. Mi hermana (la víbora) dijo que era justo, mejor dicho justísimo (¡la

odio, la odio, la odio!). El martes, para cenar, había lasaña de verduras cocinada con el microondas, pero para mí sólo un huevo duro. Al día siguiente mi ropa sucia seguía en la cesta. Le pregunté a mamá a qué se debía y me contestó que creía que me ofendería al saber que mi ropa había sido contaminada por nuestra lavadora japonesa. ¡No lo había pensado, qué mala suerte! O sea que me tocó lavarla a mano y tenderla para que se secara. Por desgracia llovió todo el día copiosamente y tuve que llevar la ropa a secar a la lavandería. Mamá me preguntó si esas máquinas no eran también japonesas. Le dije que no lo sabía y que me daba exactamente igual. ¡La cínica se reía!

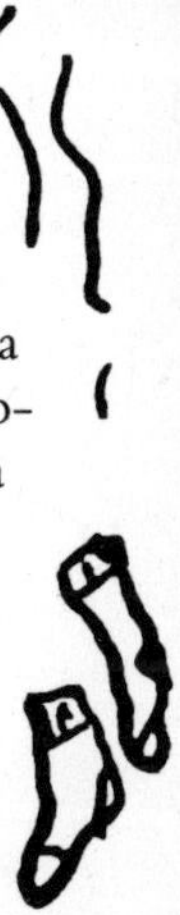

Intentan hacerme cambiar de idea, pero no lo conseguirán. No cederé a sus presiones y seguiré luchando. Ahora entiendo lo que debieron experimentar Gandhi o Nelson Mandela. Pero yo no me rendiré. Como dice la canción:

No, no lo conseguiréis, no, no me convenceréis.

Besos,

Sammy (representante del frente: ¡Boicotea Japón!)

PD: ¿Quieres tú, al menos, formar parte del frente?

PPD: ¿Has notado que ya no he vuelto a nombrar a Giles?

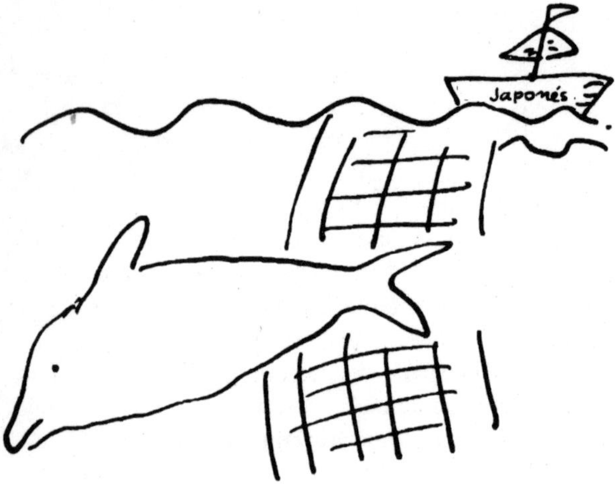

1 de febrero

Querida Camila,

no sabía que ahora estás con un tipo que se llama Tashimoto y te entiendo cuando dices que «está fuera de discusión» que puedas boicotearlo. Me imagino que la campaña de protesta será aún más difícil, pues estoy completamente sola. No me importa. Estoy DECIDIDA a llegar hasta el final.

No, no lo conseguiréis, no, no me convenceréis.

Besos,

Sammy

10 de febrero

Querida Camila,
he interrumpido la campaña de boicot. Ya sé lo que vas a decir tú y todos los demás. Pero no me importa porque ya no podía más. El magnetófono de Jane se ha comido tres de mis casetes, incluido el Multimega Hits número 7. Tengo las manos apergaminadas, a fuerza de lavar ropa, y papá ya no me deja subir al coche. La gota que ha colmado el vaso llegó cuando los padres de Jane compraron la antena para el satélite y durante una semana no nos aclarábamos con los canales. De todos modos, te juro que cada vez que se rompa algo en casa convenceré a mis padres para comprar productos no japoneses. Papá me ha dicho que los productos japoneses no se rompen nunca. También ha añadido que si ya no miraba la televisión no podía saber qué estaban haciendo los japoneses. Una observación inteligente, pensé (una de las pocas que ha hecho en toda la vida). Tuve un estremecimiento de felicidad cuando pude usar mi *walkman*.

Por lo demás, me aburro mortalmente. Debo admitir que echo mucho de menos a Giles. Creo que la culpa es de san Valentín. A propósito de chicos, siento que hayas roto con Tashimoto, pero creo que hiciste bien mandándolo a paseo. ¡Que se vaya a la porra! ¡Preguntarte si quieres ir a su casa a tomar un «sushi»! (¿Y te lo dijo delante de tu abuela? ¡Qué vulgar!) Tengo que irme. Papá ya está armando barullo como de costumbre.

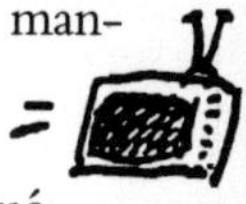

Besos,

Sammy

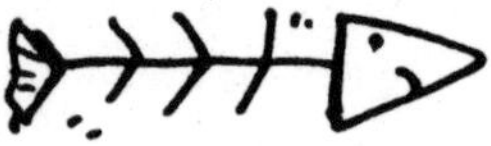

16 de febrero

Querida Camila,
te equivocaste con la conducta de Tashimoto. El *sushi* es un plato típico japonés a base de pescado crudo y no lo que pensábamos nosotras, o sea, que él no es nada vulgar y repugnante como creías. (¡Claro que a decir verdad la sola idea de comer pescado crudo me revuelve el estómago!) Pero ¿es verdad que intentó hacerse el harakiri cuando lo dejaste? No pienses más en ello. Giorgio me parece mucho más atractivo. De todos modos no te preocupes, no hablaré mal de él. No ahora que he vuelto con Giles. ¡Porque la noticia es que ESTAMOS OTRA VEZ JUNTOS!

¡Este año san Valentín ha hecho un trabajo excelente! Le envié a Giles una postal que decía: «HAY ALGUIEN QUE PIENSA QUE ERES MARAVILLOSO». Después añadí de mi puño y letra: «Veámonos hoy a las 4, delante del *fast food* (y trae el regalo)». (¡Escogí el *fast food* porque así nunca imaginaría que se trataba de mí!)

El día de San Valentín me levanté muy pronto y fui hasta la granja de Giles para asegurarme de que la postal llegaría puntual. La metí en su buzón y después me marché corriendo como un cohete para que no me viera. En el colegio, el tiempo no pasaba. Todos hablaban de las postalitas recibidas. A Carol le llegó una FABULOSA: la abres y oyes el tema de *Love Story*. Bonito, ¿verdad?, pues ella hizo sólo una mueca y dijo: «Pero ¿cuándo dejará de hacer el tonto?».

También yo recibí una postal y creo que fue Giles quien me la envió. Cuando más tarde lo vi y le hablé de ello, me pareció más bien que se sentía embarazoso. ¡Creo que Michael Hemmings no ha recibido ninguna y se lo merece! Hurgué bien en la llaga cuando me preguntó si había recibido una felicitación y si me había gustado (¡vuelve a hacerse el entrometido!).

Al salir del colegio, corrí hasta el *fast food* y esperé a que llegara Giles. ¡Fue de una puntualidad asombrosa! Me escondí detrás de la puerta de entrada y esperé a que pasara. Después, cuando estaba todavía de espaldas, me acerqué, le tapé los ojos con las manos y le susurré con una voz increíblemente sensual: «Hola, Giles. Soy tu admiradora misteriosa. ¿Has traído el regalo?». Él asintió, y estaba muy pero que muy emocionado. Le dije que cerrara los ojos y se girara. ¡En cuanto se giró

le di un superbeso! Dijo: «¡Ostras!». Y después abrió los ojos. No sé cómo describirte su expresión en el momento en que descubrió que era yo. Tuvo como una especie de sofoco y se quedó con la boca abierta durante un buen rato. Sólo conseguía decir: «¿Tú?». Yo asentí y, precisamente, en aquel momento alguien se puso a gritar desde el otro lado de la calle: «¡Eh, Giles, adivina quién está aquí!». Eran sus compañeros de clase, que lo habían seguido. Se ruborizó (es muy sensible) y me arrastró al interior del establecimiento.

Charlamos de muchas cosas. Me preguntó por las postales que habían recibido mis amigas, por ejemplo Carol. Le dije cuál había sido la reacción de Carol, y Giles dejó de hablar. Lo tranquilicé y le dije que lo perdonaba por todo y del todo, y que sentía mucho lo de las lucecitas, pero que de todos modos podíamos volver a empezar y, antes de que pudiera contestar, le di otro beso. Grandes risas y bromas de sus amigos, que se habían sentado cerca. Giles se ruborizó de nuevo y me dijo que no lo besara nunca más delante de sus amigos. Después me cogió y me llevó fuera, mientras que sus compañeros seguían haciendo bromas. Y así es como estamos otra vez juntos y aún es más romántico que antes. ¡El NOTH ya no existe y la vida es maravillosa!

Besos,

Sammy (otra vez enamorada)

PD: Todo ha sucedido tan rápido que Giles se olvidó de darme el regalo.

21 de febrero

Querida Camila,

¿ya se ha recuperado el cartero después de haberse destrozado la espalda para llevarte las postales de San Valentín? He sentido mucho que Giorgio se hubiera enfadado contigo por los novios que has tenido. ¡Pero ya se sabe que los hombres latinos son increíblemente celosos! A propósito de celos, Giles y yo seguimos viéndonos, pero tengo la impresión de que hay alguna nube en el horizonte. Todo empezó en la reunión de los Amigos de la Tierra. Vino también Michael Hemmings (¡increíble!) y volvió a plantear el tema de la caza del zorro. Hubo una discusión muy acalorada y, al final, todos estuvimos de acuerdo en que la caza del zorro es abominable.

Después de la reunión, Hemmings vino a decirme que era una hipócrita porque salía con una persona «abominable». Naturalmente, enseguida comprendí a quién se refería y me ruboricé. Esa misma noche llamé a Giles y le pregunté si había ido alguna vez con su padre a la caza del zorro. «Claro que sí», contestó. ¡Y además añadió que iba cada semana! Empecé a explicarle que era algo horrible, pero él adoptó enseguida una actitud presuntuosa y me dijo: «Si nunca has participado en una caza del zorro, ¿cómo puedes saber cómo es?». «Menuda respuesta idiota», pensé, pero no encontré las palabras adecuadas para decírselo.

Pensé que quizá sería mejor que me informara antes de obligarlo a cambiar de idea.

Al día siguiente le pedí a Booth datos sobre la caza del zorro y me dijo que si realmente quería informarme en serio, tenía que ir a una reunión de la Liga contra los Deportes Sangrientos. La reunión será la próxima semana y puedes estar segura de que iré y haré que me expliquen qué es realmente la caza del zorro.

Todavía no se lo he dicho a Giles. Por ahora, será mejor que no piense en ello. Te lo contaré todo en la próxima carta.

Besos,

Sammy

24 de febrero

Querida Camila,
déjame que te lo diga: has tenido un golpe de suerte. Estoy muy contenta de que Giorgio haya vuelto con su antigua novia. Los hombres sólo traen problemas. No entiendo por qué nos preocupamos tanto por ellos.

Hoy me siento fatal y en este mismo instante creo que podría matar a Giles. Ayer fui a la reunión de la Liga contra los Deportes Sangrientos y me explicaron algunas cosillas sobre la caza del zorro que te pondrían los pelos de punta (ya sé que tienes el pelo de punta, pero también sabes qué quiero decir, ¿verdad?).

La idea de la caza del zorro ya me disgustaba un poco, pero, para los campesinos, los zorros son una desgracia y si no los cazaran, de algún modo, tendrían que acabar con ellos. Sin embargo, si tuviera que elegir entre que me dispararan o me desgarraran manadas de babosos perros, sedientos de sangre, mientras un par de señoritos van a caballo por los alrededores, charlando agradablemente, bueno, no tendría dudas. Me imagino que también los campesinos están hartos de estas caras perrunas que corren a sus anchas por sus campos. Y los de la Liga me dijeron que, el año pasado una manada acabó con el cachorrillo de una niña, delante de sus propios ojos. De tontos que son, no distinguen ni siquiera entre un perrito de lanas y un zorro (aunque no más que sus dueños).

Si al menos fuera un desafío honesto. ¡Imagínate! Antes de empezar la caza, un montón de gente va por el bosque buscando las madrigueras y las cierra para que los zorros no tengan dónde refugiarse. ¡Y aún tienen el valor de llamarlo DEPORTE! ¿Y sabes qué les pasa a los zorros pequeños? Los cazadores dicen que ya no se hace nunca, pero según los de la Liga siguen haciéndolo, ¡y tanto que lo siguen haciendo! ¿Sabes qué hacen? Buscan una madriguera y raptan a los cachorros del zorro para dárselos de comer a los perros, pues son tan burros que no saben ni siquiera qué tienen que cazar. De ese modo, los perros se hacen una idea de qué tienen que cazar por el bosque. ¡QUÉ HORROR!

No sé cómo se las componen, pero algunas veces los zorros consiguen salvarse y esto lo dice todo de lo estúpidos que son los cazadores. Y aunque muchas veces logran salvar el pellejo, la caza sigue siendo una actividad criminal y cruel, ¡cosas de bárbaros! Un grupo irá a protestar contra los cazadores el próximo sábado. Puedes estar segura de que yo también estaré y no me importa nada lo que pueda decir Giles Wilson-Crawley.

Besos,

Sammy (militante muy enfadada)

PD: He pensado que quizá sea mejor no decirle nada a Giles.

28 de febrero

Querida Camila,
¡no volveré a dirigirle la palabra a Jane! Me ha metido en lo que tú ya sabes hasta el cuello y ahora no sé qué hacer. Menos mal que en la ciudad no hay canales, porque de otro modo ya me habría tirado a uno.

¿Sabes qué ha hecho mi querida amiga Jane? El martes (el día después de la reunión de la Liga) le pedí que viniera conmigo a la manifestación anticaza (cuanta más gente hay en las manifestaciones, más publicidad en los diarios y en la televisión). Me dijo que no estaba segura, que tenía que pensárselo un poco. No insistí. Dos días después vi a Giles. Estaba de muy mal humor. Por lo general es un tipo tranquilo y no se entretiene con besos y abrazos para expresarme lo contento que está de verme (es tan sensible), pero el otro día estaba encolerizado de verdad. Había decidido ayudarle a desfogarse haciéndolo hablar, pero no tuve que insistir demasiado.

De repente empezó a hablar mal de los idiotas que se meten en asuntos que no conocen. Sus compañeros de caza se habían enterado de la manifestación del sábado y se habían puesto como fieras.

Por un momento pensé que quizá no sería una buena idea participar en la manifestación. Quise ver cómo reaccionaba y le pregunté si esa gente tenía razón al protestar contra la caza del zorro. Me miró como si estuviera loca y después siguió desbarrando. Dijo que los que protestaban contra la caza eran sólo comunistoides melenudos, llenos de manías persecutorias que atormentaban a los pobres perros inocentes e impedían a la gente divertirse honradamente (debe haber aprendido la lección de su papá). También me dijo que si se enterara de que algún conocido suyo (sus ojos me atravesaron entonces como rayos láser) tenía algo que ver con aquella gentuza, ya «sabría qué hacer».

Tuve un escalofrío de terror y cambié enseguida de tema, pero él ya no me escuchaba y al cabo de un rato dijo que se marchaba a casa. Le pregunté si había acabado de clasificar las mariposas. Me contestó que en aquella época estaba ocupado con otras cosas. Le recordé que me lo había prometido y, como una cosa lleva a la otra, al final acabamos en una pequeña pelea (por desgracia, en ese momento estábamos en un paso de cebra y paramos el tráfico). Era demasiado pronto para regresar a casa y por eso seguí paseando por los alrededores, pero de repente volví a ver a Giles. ¡Estaba hablando con Zoe! En aquel momento entendí que no quería perderlo sólo por un estúpido zorro que no era capaz de cuidar de sí mismo. Quizás él tenía razón, al fin y al cabo la caza del zorro es un deporte tradicional y las tradiciones son importantes, ¿no estás de acuerdo?

Al día siguiente fui al colegio convencida de que no iba a participar en la manifestación. Michael Hemmings me esperaba en la entrada con una mueca horrible que, por lo general, significa: malas noticias a la vista. Enseguida me bombardeó con sus estupideces, como de costumbre. Intenté ignorarlo, pero cuando Michael Hemmings se empeña a fondo es imposible evitarlo. Dijo que había oído que iría a la manifestación anticaza. Se lo había dicho Jane. ¿Lo entiendes? ¡¡¡Mi amiga Jane!!! Más tarde la víbora me dijo que sólo quería buscar a más personas para llevarlas a la manifestación. ¿Personas? ¿Y desde cuándo Michael Hemmings es una persona? Se enfadó y me dijo que sólo quería echarme una mano. Le sugerí que la próxima vez que quisiera ayudarme intentara comerse un bocadillo de cemento y se tirara después al mar. Creo que se enfadó y ya no nos hablamos.

De todos modos, le dije a Hemmings que había decidido no ir a la manifestación. Zoe y Carol, como siempre por casualidad, llegaron cuando Michael Hemmings abrió la boca y se le desencajaron los ojos: parecía una calabaza de Halloween. Dijo que era una pena porque ya le había dicho a todo el mundo que iría. Había hablado hasta con su tío (el que trabaja en la radio), quien ya había aceptado entrevistarme para darme la oportunidad de explicar mis opiniones sobre el medio ambiente. Dije que había cambiado de idea, que no era una verdadera causa ecologista, como la de las batallas

por la selva amazónica, y que pasaría el fin de semana escribiendo cartas de protesta contra las empresas necias e ignorantes que usan madera dura en lugar de... En aquel momento Zoe empezó a provocarme, seguida como un cohete por Carol, mientras Hemmings, *el Gusano* seguía haciendo muecas idiotas. Según Zoe, yo no iba porque sino Giles me dejaría. Carol añadió que me echaba para atrás sólo para que un chico no se enfadara y que, por lo tanto, no era verdad que creyera en los ideales de los defensores del medio ambiente. Me hice la tonta, fingí que no sabía ni siquiera de qué estaban hablando y que cuando Zoe nombró a Giles le dije: «Ah, ¿él también estaría?». Intenté pasar por tonta pero no creo que los engañara.

Un momento..., está sonando el teléfono.

Diez minutos después.

Era Giles. Me ha invitado al Baile de los Cazadores. Un gesto encantador por su parte.También podía haber evitado decirme que me invitaba solamente porque una tal Fiona Buster-Gusset, con la que debía ir al baile, se ha caído del caballo y se ha roto una pierna. (Me he resistido a la tentación de decirle que quizás era necesario acabar con ella con un tiro en la sien.)

Y aquí estoy frente al Gran Dilema. Si voy a la manifestación, Giles me mata. Si no voy, no podré ir con la cabeza alta nunca más en la vida.

Voy a tirar la carta al buzón. Espero que se me aparezca en sueños la solución al dilema o, lo que sería mejor, quizá morirme durante el sueño.

Besos,

Sammy (agonizante)

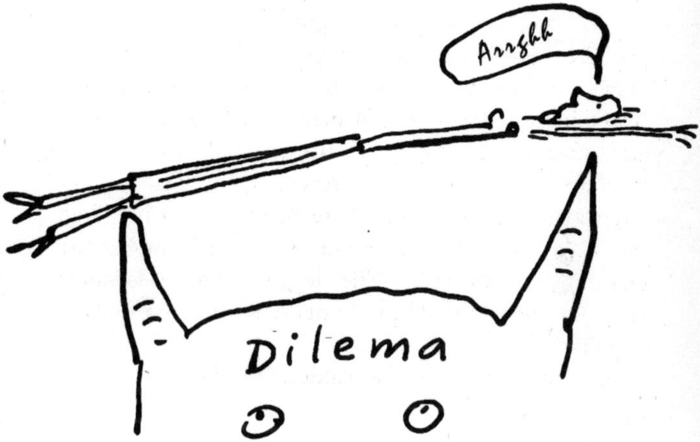

Temperatura alta

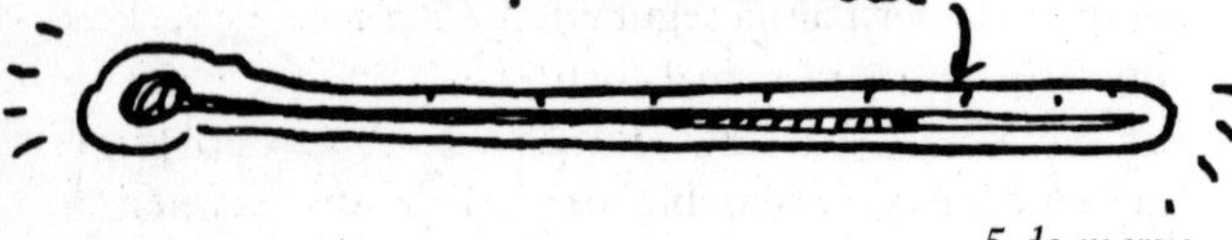

5 de marzo

Querida Camila,
algunos dicen que por las mañanas las cosas parecen más bonitas. ¡Es una mentira descarada! Cuando me desperté el día de la manifestación me sentía más muerta que viva. En cambio, de aspecto estaba perfectamente bien. Cuando bajé a desayunar, mamá me dijo que tenía el color de una chica saludable. Le contesté que tenía fiebre y que el color se debía al rubor del calor, que me sacudía de la cabeza a los pies, y no a un síntoma de buena salud. En su opinión, estaba estupenda y de todos modos un buen paseo al aire libre haría que me encontrara mejor. ¡Qué hipócrita! Durante toda la semana no había hecho más que hablar mal de la manifestación, diciéndome que sería una pérdida de tiempo, que me metería en problemas, etc. Le recordé lo que había dicho y me contestó que, con manifestación o sin ella, tenía que salir de todos modos porque había decidido limpiar la casa de arriba abajo y que no tenía ningunas ganas de tenerme entre las piernas, desordenando. ¿Has visto lo mucho que me quiere mi madre? Yo estoy agonizante,

con fiebre, moribunda y ella me saca fuera para cambiar las sábanas.

Comprendí que era inútil seguir fingiendo que me encontraba mal, ya que nadie me hacía caso y, además, mi querida hermanita seguramente haría de espía. Pero ¿por qué nunca estoy mal cuando lo necesito? Debe ser la famosa Ley de Sammy: «Puedes estar hecha polvo por una enfermedad incurable, pero el día del examen de matemáticas seguro que estarás bien».

Después, de repente, tuve una intuición. En la manifestación habría un montón de gente que armaría lío (pues ésa era la finalidad). Probablemente Giles no me vería entre los demás manifestantes y, sobre todo, no me reconocería, ¡pues iba a disfrazarme!

Mientras mi madre intentaba desesperadamente parar el aspirador, que estaba intentando absorberle las cortinas, corrí al piso de arriba y cogí uno de sus abrigos, el que tiene un cuello que te llega hasta las orejas. Busqué en el armario de papá y encontré una vieja bufanda muy larga. Me la envolví alrededor del cuello y ya estaba irreconocible. Para mayor seguridad cogí también un sombrero de papá y las gafas de espejo de mi hermana.

En el autobús todos me miraban de una manera extraña, pero no me importó. ¡Piensa que Maria Hicks, una compañera mía de clase, subió, se sentó cerca de mí y no me reconoció!

Llegué a la manifestación y me acerqué al chico con quien había hablado en la reunión de la Liga. Me que-

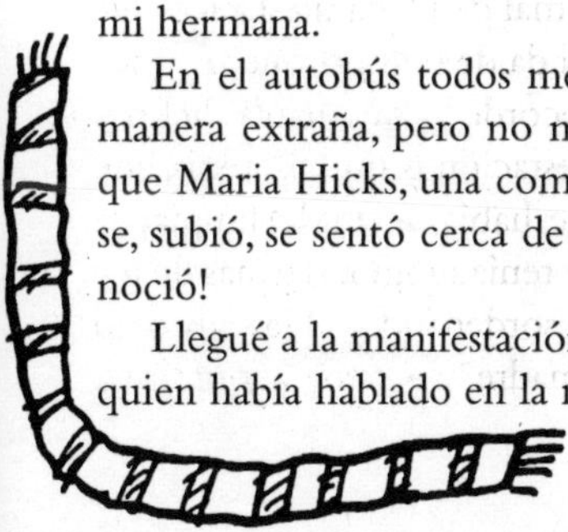

dé delante de él no sé por cuanto tiempo, pero aquel bobo no me veía. De pronto me cansé, lo agarré por la manga y le susurré: «¡Psss!». Él me miró y sólo cuando me saqué el sombrero y las gafas me dijo: «¡Ah, eres tú! Pero ¿por qué diablos te has vestido de esta manera? Pensaba que era un alguacil de paisano». Le expliqué que quería pasar de incógnito; me miró con extrañeza y me preguntó si había venido a manifestarme o a qué. Le respondí que sí y me dio un cartel y un paquete. Me dijo que esperara su señal para arrojar el paquete a los perros y después se fue a probar al megáfono. Reconocí al tío de Michael Hemmings, que toqueteaba la grabadora, y pensé que le concedería la entrevista después de que empezara la caza. Si los de mi clase estaban escuchando, ¡qué sorpresa se llevarían al oír mi voz en la radio!

Los cazadores no eran demasiados y, como de costumbre, hacían esfuerzos por no caerse del caballo e incitaban a los perros, lanzándoles miradas malévolas. El corazón me dio un vuelco cuando vi a Giles y me calé el sombrero hasta los ojos para esconderme. Quién sabe cuál de aquellos hombres era su padre. Pero después se encendió el megáfono y empezamos con los eslóganes.

Me uní enseguida al coro... Estaba emocionadísima, sentía que formaba parte de un acontecimiento importante y finalmente había comprendido por qué la gente va a ver un partido a un campo de fútbol. Uno de los cazadores salió al galope, gritando algo incomprensible. El caballo casi tiró a un manifestante y cuando otro chico intentó coger las bridas, el hombre que lo montaba (que después supe que era el padre de Giles) intentó golpearlo con la fusta.

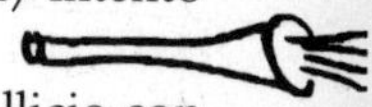

Al cabo de un rato había ya un enorme bullicio con tantos caballos, jinetes, manifestantes y perros, unos encima de otros. Un perro mordió a alguien y esto aumentó más la confusión. Perdí el cartel y me encontré en medio de un montón de perros enfurecidos. Vi al chico de la Liga haciéndome señas y me acordé del paquete, pero, cuando estaba a punto de tirarlo, me encontré delante del hocico de un caballo y, como tenía el brazo estirado, el paquete golpeó el hocico del animal. Durante algunos instantes el caballo se quedó de piedra, después respiró hondo y esnifó toda la pimienta que había en el paquete. Los ojos casi se le salieron de las órbitas, se encabritó sobre las patas traseras y lanzó al jinete, que se cayó de la silla y me cogió por un zapato. Giré una y otra vez como una peonza, hasta tal punto que el sombrero se me voló y, con él, las gafas y al final acabé encima del jinete. Estaba ya dispuesta a decirle qué pensaba de aquellos idiotas que no sabían vigilar a sus propios caballos cuando me di cuenta de que estaba sentada encima de Giles. «¡¿Tú?!», balbució. No me dejé vencer por el pánico. «*Excusez-moi, mister* –repliqué–. *Ich bin one studente foreign…*»

No se lo tragó. «¡Bestia deficiente! –se puso a gritar con la cara más roja que un tomate–. Pero mira que...»

Se detuvo de repente y se llevó una mano al hombro, diciendo que le había roto la clavícula y que lo había lesionado de por vida. Se estiró en el suelo y empezó a lamentarse de un modo más bien inquietante. No sé por qué, pero lo único que se me ocurrió decirle fue: «Me imagino que ya no iremos al baile, ¿verdad?». (¡Qué comentario más idiota!)

Se levantó, ayudándose con el otro brazo, y me gritó insultos irrepetibles hasta que dos de la Cruz Roja se lo llevaron en brazos a la tienda de primeros auxilios. Quise morir.

En aquel momento los demás cazadores ya se habían marchado y los manifestantes corrían hacia sus coches para perseguirlos, excepto un par de ellos que la policía había logrado detener.

Entonces llegó el tío de Michael Hemmings y me metió el micrófono debajo de la nariz. Me preguntó si era Sammy. Asentí y me pidió que le contara, con mis propias palabras, lo que había sucedido.

–He tirado un kilo de pimienta a las narices del caballo de mi novio, él se ha caído, se ha roto la clavícula y ahora está enfadado conmigo. –Después me puse a llorar. La entrevista fue trasmitida en las noticias de las seis.

Todavía no he vuelto a ver a Giles. Le envié flores al hospital, pero me las devolvió cortadas. Le envié una caja de bombones. Al día siguiente vi a Zoe, comiéndoselos durante el recreo. Me dijo que Giles no podía comérselos porque le sentaban mal y que se los había regalado a ella para que los compartiera con los compañeros de clase. Hasta me preguntó si quería uno.

Papá está furioso. Dice que Wilson-Crawley, el padre, le está haciendo la vida imposible desde hace algunos días y me ha preguntado si yo lo había molestado de alguna manera. Lo he negado, por supuesto, pero me parece que empieza a sospechar algo.

Pero al fin y al cabo, ¿qué importa? Tendré un montón de tiempo para dedicarlo a nuevas campañas de protesta a favor del medio ambiente. No necesito a Giles. ¡Que se lo quede Zoe si tanto le gusta!

Besos,

Sammy

PD: Perdona por las manchas de agua en la carta, pero mamá ha tenido la ocurrencia de regar las plantas, precisamente, mientras te escribía y parece ser que han llegado algunas gotas hasta aquí.

PPD: He vuelto a abrir el NOTH.

30 de marzo

Querida Camila,
hace un montón de tiempo que no te escribo y para empezar te agradezco tu última carta. Me ha sentado muy bien todo lo que pasó con G W-C (no quiero ni escribir su nombre). De todos modos tienes razón: los hombres son PENOSOS, no vale la pena preocuparse por ellos y es exactamente como dices: nosotras las mujeres tenemos que salir adelante por nuestra cuenta. (Pero si estás tan convencida, ¿cómo es que no pasas ni un día sin un chico a tu lado?)

Estas últimas semanas las he pasado intentando olvidar a G W-C, dedicándome en cuerpo y alma a los Amigos de la Tierra y a la salvación del planeta. Hemos organizado un par de cosas muy interesantes. Mientras tanto, pasaremos una semana en una granja biológica (¡precisamente por mi cumpleaños, como seguramente recuerdas!). Es un sitio donde lo cultivan todo sin abonos químicos y sólo tienen vacas para obtener leche ¡y no para producir carne para dar de comer a aquellos criminales carnívoros! Trabajaremos en el huerto y también participaremos en la construcción de un canal de riego. ¿No es fantástico? Mis padres han dicho que me lo pagarán todo como regalo de cumpleaños, o sea, que la cosa ya está decidida. Booth ha organizado una conferencia de presentación. Jonathon Porridge, en persona, vendrá al colegio para hablarnos del medio ambiente, y es una de las personas que lo sabe absolutamente todo, pero «todo» del medio ambiente. Seguro que será interesante (¡además de que es guapo a morir! Lo he visto en la televisión).

Durante la clase de geografía hemos discutido sobre la cuestión demográfica. En la actualidad es un problema horrible y además sigue naciendo demasiada gente. He decidido que no me casaré y no tendré hijos. Michael Hemmings dijo que, de todos modos, nadie me querría por mujer, pero me bastó recordarle el pequeño incidente de la pasada semana para ponerlo en su sitio. Ah, es verdad, aún no te lo he contado.

Pues bien, el jueves pasado, durante el recreo, Hemmings se me acercó mientras jugaba a pimpón y me preguntó si el viernes estaba ocupada. Lo miré como si fuera un escarabajo dentro de un plato y le dije que eso no era asunto suyo ¡y que no se le ocurriera, bajo ningún concepto, pedirme que saliera con él! Se puso totalmente rojo y balbució que, en realidad, era Alan Samuels quien quería salir conmigo y le había rogado a él que me lo pidiera. (¡Los chicos son penosos! ¡Hasta necesitan un ayudante para pedirle a una chica que salga con ellos!) Pensé que Samuels se había enterado de que yo y G W-C habíamos cortado y pensaba aprovecharse.

Le dije a Hemmings que si de verdad hubiera querido salir con una persona de sexo masculino, Alan Samuels hubiera sido el último del mundo con quien lo hubiera hecho. Después pensé un instante y me corregí. No, Samuels era el penúltimo del mundo. Hemmings me preguntó si el último era G W-C. «No, Michael, el último eres tú.» (Pero en realidad tenía razón, el último del mundo es precisamente G W-C.)

En aquel momento pasó Alan Samuels con su acostumbrada cara de tonto. Estaba furiosa con él porque no había tenido el valor de hacer las cosas solo y había usado a Hemmings para sus deshonestos fines. Lo detuve y le expliqué de una manera completamente educada que acababa de salir de una historia muy intensa, que tenía el corazón hecho pedazos, que era la fundadora y la presidenta del NOTH y que, como consecuencia, no apreciaba la compañía de los hombres y que el día que la apreciara, evidentemente, no saldría con un chico con cara de rana como él. Se quedó de piedra, como si estuviera delante de una descerebrada, y después se marchó.

Pero ¿sabes qué es lo peor? Más tarde descubrí que Alan Samuels no tenía ninguna intención de salir conmigo (lo descubrió Jane cuando vio a Alan Samuels golpear la cabeza de Hemmings contra la pared). Según Jane, era Hemmings el que quería salir conmigo y había venido a pedírmelo, pero al final se había rajado y se ha-

bía inventado aquella historia. ¡Me imagino que ahora Hemmings estará recuperándose en algún hospital! ¡Le está bien merecido! No lo siento para nada, aunque ya sabes cómo sufro cuando alguien maltrata a los animales. ¿Y si se suicidara porque lo he rechazado? Nadie lamentaría su desaparición y, además, sería una persona menos en el mundo, que ya está bastante repleto.

Besos,

Sammy (presidenta vitalicia del NOTH)

PD: Tu padre es casi peor que el mío. No entiendo por qué se enfadó tanto cuando Jason vino a tu casa con la bandera pintada en la cara. ¡Yo pensaba que al menos los padres tenían un poco de espíritu patriótico!

17 de abril

Querida Camila,

¡Jonathon Porridge es un ser maravilloso! Vino al colegio para explicarnos cómo se salva el mundo, empezando por las pequeñas cosas. La sala estaba repleta, pero como yo soy miembro de los Amigos de la Tierra tenía un sitio reservado en primera fila. Tiene los ojos de un VERDE maravilloso (el color adecuado para un hombre como él). Hubo también una actuación de Michael Hemmings (está intentando hacerme pagar lo del «último del mundo»). Preparó una protesta a favor de la energía nuclear y del descuartizamiento de las ballenas. Adolf, el director, lo detuvo antes de que pudiera empezar y él dijo que lo hacía sólo para equilibrar políticamente la conferencia. Adolf le advirtió que no hiciera el tonto porque, de lo contrario, él (Adolf) tomaría en consideración la posibilidad de descuartizar a algún estudiante, empezando por uno que conocía llamado ¡Michael Hemmings! Se moría de vergüenza. En mi opinión, Adolf estaba preocupado por quedar mal porque había muchos periodistas. Hemmings dijo algo incomprensible sobre los fascistas que había en el colegio... ¡menudo tonto! ¡Y después tuvo la desfachatez de asistir a la conferencia!

Lo cierto es que fue todo muy interesante. Jonathon Porridge habló largo y tendido sobre lo que podemos hacer para mejorar el medio ambiente. Basta, por ejemplo, con reciclar las botellas usadas, apagar las luces, ahorrando energía e impidiendo que aumenten las lluvias ácidas, no ir a esos sitios de comida basura a comer hamburguesas, y evitar así que la selva amazónica sea destruida, además de escribir a la gente importante y otras cosas parecidas. No hace falta que te diga que yo ya sabía estas cosas, pero fue una clase muy útil para todos los no-defensores del medio ambiente de mi colegio.

Al final de la conferencia dijo si alguien tenía alguna pregunta. Levanté la mano, me miró directamente a los ojos (¡me quería morir!) y me dijo: «Dime». Me levanté y le hice una preguntita corta. Le pregunté si no pensaba que construir reactores nucleares, como el de Chernobyl, era algo horrible y qué podíamos hacer para acabar con las escorias radiactivas, y que si la energía nuclear es tan segura por qué no construían las centrales en el jardín de casa del Primer Ministro. Y por qué no se gasta más dinero en las fuentes alternativas como el sol, el viento y las olas, pues con el dinero que se ahorraría podríamos salvar la selva amazónica, y además tendríamos que comer más avellanas brasileñas y así ya nadie talaría árboles y también la fauna aumentaría, y podríamos salvar centenares de especies de la extinción y prevenir las lluvias ácidas.

En mi opinión, le di un montón de ideas nuevas a Jonathon porque me miró, un poco confuso, antes de contestar que era una pregunta realmente interesante y que, quizá, tenía razón. ¡Él me dijo a MÍ que tenía razón! ¿Te das cuenta?

Me sentía la mujer más orgullosa de la tierra. Después Michael Hemmings levantó la mano y Jonathon le dijo que preguntara. Adolf lo miró como sólo él sabe hacerlo y Hemmings dijo que sí, luego que no, y al final comentó que se había olvidado de la pregunta que quería hacer. Todos se rieron: ¡dos veces «burro» en el mismo día! ¡Se lo tiene merecido!

¿Qué te parece? ¿No ha sido un día grandioso para mí? Creo que me dedicaré a poner en práctica las ideas de Jonathon.

Espero tu respuesta.

Besos,

Sammy (¡enamorada locamente de JP!)

PD: Estoy pensando en fundar el Jonathon Porridge Fan Club. ¿Quieres formar parte de él?

PPD: El NOTH se ha convertido en NOTHEJP (Nosotras Odiamos a Todos los Hombres Excepto a Jonathon Porridge).

PPPD: La próxima semana estaré en la granja biológica (y también será mi CUMPLEAÑOS, te acuerdas, ¿verdad?). ¡Te escribiré «cada día», prometido! (¡Hasta el día de mi cumpleaños!)

21 de abril

Querida Camila,
te escribo desde la granja biológica Vuelta a la Naturaleza. ¡Es fantástica! He llegado hoy y, como te había prometido, ya te estoy escribiendo. Nos estamos repartiendo y organizando para dormir en las tiendas de campaña. ¿Acaso no es increíblemente emocionante? «Dormiremos dentro de las tiendas, debajo de las estrellas, en contacto con la naturaleza», dijo Booth, y añadió que le gustaría mucho compartir con nosotros esta experiencia pero que tenía que dormir en una aburridísima cama en la fonda. De mi clase han venido pocos. Están Jane y Carol, y también Michael Hemmings. La pasada semana Booth dijo que quedaba un sitio y Hemmings se dispuso enseguida a ocuparlo (no entiendo por qué).

Ésta es una carta corta, corta, y me sirve para enviarte la dirección por si quieres mandarme una felicitación por mi cumpleaños o un regalo (pues el jueves es mi CUMPLEAÑOS).

Escríbeme pronto.

Ahora tengo que marcharme. Nos van a enseñar a ordeñar una vaca... ¡qué emoción!

Besos,

Sammy

22 de abril

Querida Camila,
aquí estoy otra vez con las novedades de la granja. Todo es muy interesante, pero nos cansamos bastante. ¡Hoy nos hemos despertado a la cuatro y media de la mañana por culpa de un gallo! Jane ha jurado que le retorcería el cuello, pero no hablaba en serio: eso es que debe de haberse despertado con el pie izquierdo. Yo, en cambio, estaba muy contenta de despertarme cuando salía el sol. El desayuno ha sido correcto. Nos han dado una especie de cereales algo estoposos. Michael Hemmings ha pedido pudín de chocolate, brioche y, para acabar, ¡huevos con beicon! El cocinero lo ha mirado y no se ha dignado a contestarle. Ese tonto sabe que estamos en una granja vegetariana y creo que sólo quería provocar. El cocinero le ha dicho que se comiera los cereales, que le sentarían muy bien. Le ha contestado que lo dudaba, porque los cereales se parecían mucho a las caquitas de hámster.

–¿Cuándo fue la última vez que comiste caquitas de hámster, Hemmings? –le ha dicho Booth, poniéndole en su sitio.

Nos reímos de lo lindo y Hemmings se quedó calladito durante un buen rato.

Piensa que esta mañana hemos bebido la leche que ordeñamos ayer por la tarde. ¿No es fantástico? Fuimos al establo y un granjero nos enseñó cómo teníamos que sentarnos detrás de la vaca, y cómo teníamos que tirarle de las ubres para que la leche cayera dentro del cubo. Todos hicimos una prueba y, según el granjero, yo era la que lo hacía mejor, así que me preguntó si quería ordeñar durante el resto de la semana. Naturalmente le dije que sí ¡y por eso, mañana beberé la leche que habré ordeñado con mis propias manos! (De todos modos ordeñar es cansado y te deja las manos muy doloridas.)

Al acabar el desayuno nos han dicho que ayudaríamos a fertilizar los campos. Jane se ha sorprendido porque pensaba que no usaban fertilizantes, pero Dave, el jefe de la granja, le ha aclarado que sólo usan estiércol y nos ha llevado al lugar donde lo guardan. Nos ha acompañado al establo y nos han dado una pala a cada uno.

–Éste es nuestro fertilizante. Tenéis que recogerlo, meterlo en un cubo y llevarlo fuera, a aquel campo –nos ha dicho, señalando las cacas de vaca que había en el suelo del establo. El campo que nos ha indicado estaba, al menos, a una distancia de dos kilómetros.

Carol y Jane miraban la caca con el horror impreso en la cara. Me hicieron sonreír.

–¡Ánimo, chicas, es hora de hacer algo por el medio ambiente! –les dije para animarlas y me puse a barrer las cacas y a meterlas en los cubos.

Al principio parecía fácil, pero después de dos horas de llenar cubos y llevarlos hasta el campo, vaciándolos y

mezclando la caca con la tierra, estaba rota. Hasta Hemmings estaba tan cansado que permanecía callado. Tras haber cantado durante veinte minutos *En la vieja granja* (pero con palabras distintas que debe haber aprendido en el campo de fútbol), de repente no dijo ni una palabra más.

Después, finalmente, llegó la hora de la comida. Cereales y budín de lentejas que, a decir verdad, se parecía mucho a los cereales del desayuno (y hasta tenía el mismo sabor). Esperaba que Michael Hemmings hiciera uno de sus acostumbrados comentarios tontos, pero estaba demasiado cansado para decir idioteces. Al acabar la comida, fuimos al canal para empezar a limpiarlo de hierbajos. El único acontecimiento de la tarde fue que Jane se cayó al canal y se encontró metida en el barro hasta el cuello. Gritaba como una histérica y, después de ayudarla a salir, Booth le dijo que se fuera a duchar. Cuando volvimos a la granja, Jane estaba aún toda sucia porque las duchas no funcionaban. Se lo dijimos a Dave y contestó que ya lo sabía, que las duchas no funcionaban desde hacía tres meses y que tendríamos que lavarnos en el lavabo de la lavandería. Y por si fuera poco descubrimos que allí el agua caliente era un lejano recuerdo. A pesar de todo, como le dije a Jane, si eres una verdadera defensora del medio ambiente debes sufrir por tus ideales. No es necesario que te diga cuál fue su respuesta.

Para cenar había brócoli con cereales y, de postre, una espléndida tarta de cereales. Ahora estamos en la tienda de campaña y te estoy escribiendo bajo la luz de mi candil eléctrico.

Sí, ha sido un día largo y cansado, ¡pero me siento cerca de la naturaleza y el medio ambiente está ganando bastante ahora que estoy yo ayudándolo!

Hasta mañana.

Besos,

Sammy (en simbiosis con la naturaleza)

PD: ¡Se acerca mi CUMPLEAÑOS!

23 de abril

Querida Camila,
siento que esta carta sea tan breve. Estoy toda yo dolorida y las manos me hacen tanto daño que casi no consigo sostener la pluma.

Como de costumbre, el gallo nos ha despertado a las cuatro y media. Esta vez estaba de acuerdo con Jane sobre el hecho de que habría que retorcerle el cuello. Aún no me había despertado del todo cuando entró en la tienda el granjero y me dijo que fuera enseguida al establo para ordeñar. Me levanté y me vestí, sin saber si estaba viva, y me fui al establo. Te puedo decir, con absoluta certeza, que nunca más en la vida quiero tener nada que ver con 25 vacas (¡y tampoco con una sola!). Me ha tocado ordeñar hasta la hora del desayuno y cuando he acabado, las manos me hacían tanto daño que no podía sostener ni siquiera la cuchara para comer los cereales. Después de cabeza a la fertilización y después otra vez cereales (esta vez con guisantes), y luego otra vez a la tienda. Aquí dentro hay un olor más bien desagradable... ¡El agua fría está reñida con los fertilizantes naturales! Según Dave, mañana hará un día bonito porque el cielo está rojo y como dice el refrán: «Si de noche está rojo, hará un día hermoso». Hemmings lo ha corregido: «Para la cabra y el cerdo no te olvides la sal». Tonto como siempre, pero la idea de un bistec con unas buenas patatas al horno era realmente seductora. Menos mal que soy vegetariana, porque si no acabaría por babear como Jane y Carol.

Acabo aquí. Se me están cerrando los ojos de sueño.

Besos,

Sammy

24 de abril

Querida Camila,
los refranes son todos tonterías o, mejor dicho, hay que adaptarlos a las circunstancias. Por ejemplo, en nuestro caso: «¡Si de noche está rojo, se esperan tiendas inundadas y horribles tormentas!». Nos hemos mojado de la cabeza a los pies y nos hemos pasado el día secando las tiendas (cuando no estábamos ocupados fertilizando, limpiando el canal o tragando cereales bañados en todas las salsas).

A la hora de la cena, Booth ha desaparecido diciendo que tenía que llamar por teléfono. Ha sido una llamada más bien larga, porque ha vuelto muy tarde y, por lo que apestaba a alcohol, debía de haber llamado desde un bar.

Según Hemmings, Booth se había ido al restaurante y se había comido un buen filete con patatas. Ha seguido delirando sobre comida hasta que Jane le ha dado una patada para que se callara. Carol está sentada y mira el vacío sin decir nada. ¿Tú crees que existe la hipnosis de comida?

Acabo aquí. Estoy demasiado cansada-mojada-dolorida para continuar.

Besos,

Sammy

PD: Así mañana, que es mi CUMPLEAÑOS, no podrá pasarme nada peor.

PPD: Mañana te escribiré una carta hiperlarga para que me perdones por esta tan corta. ¡Lo juro!

25 de abril, día de mi cumpleaños

Querida Camila,
¡ha sido el peor cumpleaños de mi vida!

Estoy demasiado cansada y furiosa para escribirte. Ya lo sabrás todo cuando vuelva a casa.

Besos,

Sammy (más vieja y muy deprimida)

PD: Perdona por las manchas marrones... Ya te lo explicaré todo en la próxima carta.

PPD: Aún no han llegado la felicitación y el regalo que me has enviado. Es extraño, ¿verdad?

PPPD: Porque me los has enviado, ¿verdad?

3 de mayo

Querida Camila,
en primer lugar me disculpo por no haber mantenido la promesa. Tenía que escribirte cada día desde la granja, pero cuando sepas qué ha pasado lo entenderás y me perdonarás. Me acabo de recuperar de la semana más espantosa que nunca haya tenido. De granja biológica no tenía nada. ¡Aquello era un campo de trabajo para esclavos! Teníamos que fertilizar los campos y limpiar el canal cada día y, hasta Booth, estaba cansado de hacerlo, pero no podía decir nada porque todo lo había organizado él. ¡En cuanto a la comida, el mismo desastre! ¡Piensa que llegué a soñar en irme a un *fast food* y comer con placer una hamburguesa! La última noche me desperté con un dolor espantoso en la pierna y me puse a gritar. Encendí la vela y me di cuenta de que Carol me estaba mordiendo la pantorrilla. Tenía los ojos abiertos como una lechuza pero estaba dormida. ¡Cuando la desperté, me dijo que estaba soñando que se comía un cochinillo y que como estaba dormida no se había dado cuenta de que se estaba comiendo mi

pierna! ¡Sabía que existían los sonámbulos normales, pero no sabía nada sobre sonámbulos caníbales!

Durante toda la semana el agua salía fría (excepto en los momentos en que salía GÉLIDA) y apestábamos todos a establo y a estiércol. Apestaba tanto que en cuanto llegué a casa me di un baño de dos horas y tuve que lavar la ropa cuatro veces para sacar las manchas marrones, negras y verdes. Estaba tan contenta de volver a casa que incluso abracé a mi hermana, le di un beso a papá y le dije a mi madre que la quería mucho, muchísimo. Comprenderás entonces lo contenta que estaba de haber escapado de aquella prisión biológica.

Gracias por la felicitación y por el regalo... ¡preciosos! Los encontré cuando volví a casa (no había recibido nada en la granja y pensaba que te habías olvidado de mi cumpleaños, pero me parecía extraño porque estaba segura de haberte hablado, al menos de pasada, en una de mis cartas).

¡El día de mi cumpleaños fue horrible! El gallo nos despertó a las cuatro y, después de un desayuno especial para celebrarlo (dos tazas de cereales), empezamos a vaciar el establo y a llevar la caca a los campos. No te había dicho que para llegar al campo había que sortear una tapia y, un día, hartos de dar cada vez una vuelta larguísima para evitarlo, buscamos un sistema para pasar los cubos al otro lado de la tapia sin demasiado cansancio. Yo, Jane y Michael Hemmings llevábamos un cubo por cabeza. Yo fui al otro lado de la tapia, Hemmings se puso encima y Jane tenía que pasarle los cubos a él, quien después me los pasaba a mí. Con el primer cubo todo fue bien, pero con el segundo sucedió el desastre. Jane le pasó el cubo a Hemmings, él lo miró y dijo: «¡Bah, qué peste!», cogió el cubo, lo bajó para que yo lo cogiera y me advirtió de que tuviera cuidado. Según su versión, resbaló, y por eso sólo fue un accidente. Todo lo que yo recuerdo es que tenía las manos levantadas para coger el cubo y que, de repente, todo se volvió marrón como la caca de dentro del cubo, y Hemmings se cayó encima mío. Estaba completamente cubierta de caca e intenté limpiarme al menos los ojos. Jane vino a ver qué pasaba y se puso a reír como una loca, mientras Hemmings rodaba por el suelo de tanto que se divertía.

Empecé a llorar y Jane dijo: «Si eres una verdadera defensora del medio ambiente debes sufrir por tus ideales, Sammy». ¿Y esto es una amiga? ¡La insulté como se merecía!

Durante todo el día nadie se me acercó. Intenté limpiarme todo lo que pude, pero con el agua fría era una tarea imposible: cuanto más me limpiaba, más me ensuciaba. Aunque el cocinero había preparado un pastel para mi cumpleaños (budín de cereales y zanahorias), nadie quiso ni rozarlo después de que yo lo tocara. Y ahora ya sabes por qué había aquellas manchitas marrones en la última carta y entenderás qué eran. El resto de la semana fue un infierno sin fin y estaba inmensamente feliz de poder volver a casa. Empiezo a pensar que preocuparse por el medio ambiente es demasiado para una chica como yo... ¿Será siempre así de duro y cansado? ¡No lo sé, pero no quiero volver a ver una granja biológica nunca más!

Besos,

Sammy

PD: Mis padres dicen que puedo ir a verte en agosto (¡siempre y cuando tú no hayas decidido pasar las vacaciones en una granja biológica...!).

PPD: Saluda a Raúl de mi parte. ¿Cuando dices que baila flamenco, te refieres a aquellos extraños pájaros con las patas largas que bailan cuando están enamorados o hablas de lo que tú y yo sabemos?

30 de mayo

Querida Camila,

¡SE MARCHA! ¡Booth deja nuestra escuela! No puedo explicarte lo desanimada que estoy. Se ha quedado con nosotros sólo un año. Hoy, mientras pasaba lista, nos ha dicho que tenía que anunciar algo.

–¡No, piedad! No será otra excursión ecologista, ¿verdad? –intervino Hemmings.

–No, Michael, es algo que te alegrará mucho –contestó Booth.

Nos ha dicho que le encantaba la enseñanza porque era un desafío continuo y cansado, pero que, para él, había llegado el momento de dedicarse a un trabajo más tranquilo. Naturalmente, Hemmings, *el Gusano* estaba contento, pero yo aún no podía creérmelo. Zoe hizo uno de sus comentarios ácidos diciendo que los profesores tenían tantas fiestas que no podían quejarse. Booth le contestó que no se quejaba de las vacaciones y que era la temporada escolar la que lo hacía enloquecer. Le pregunté qué sería de los Amigos de la Tierra. Me dijo que como yo había acabado siendo el único miembro del colegio, era tarea mía encontrar a otro profesor que se ocupara de ello... Ahora los demás profesores se dedican a contar mentiras sobre lo bonito que es nuestro colegio y a preparar octavillas propagandísticas en las que escriben que nuestro colegio es un lugar maravilloso (¡imagínatelo!) y que por eso un estudiante inteligente no puede más que inscribirse aquí. (¿Te das cuenta de que todos los colegios cuentan mentiras parecidas?)

Perdona que me haya puesto a divagar, pero la cosa me deprime: ¡ya no existirán los Amigos de la Tierra! De todos modos, cuando todos se marcharon le dije a Booth que sentía mucho que dejara el colegio. Se sorprendió y por eso le dije que gracias a él había abierto los ojos sobre el medio ambiente. Con un tono que me pareció un poco sarcástico, añadió que quizá yo ya no podía más con los problemas del medio ambiente. Reflexioné sobre ello y, en efecto, desde que entré en los Amigos de la Tierra me habían ido mal bastantes cosas, pero pensé en lo importante que es preocuparse por el mundo en que vivimos y me acordé de lo que Booth me dijo una vez: «Debemos sufrir por nuestros ideales». Me sentía abatida por dentro y le dije a Booth que había tenido un montón de problemas desde que me había convertido en defensora del medio ambiente, pero que al fin y al cabo valía la pena. Me miró preocupado y después sacó de la bolsa algunas octavillas. Me dijo que en julio habría una maratón a favor de las ballenas, que necesitaba recoger las inscripciones y los donativos y que, como él se marchaba, ya no podría ocuparse. Me preguntó si quería hacerlo yo. Le contesté que no lo sabía porque estaba aún demasiado turbada por su marcha.

Se sorprendió de mi respuesta y me dio algo de tiempo para pensarlo. Entonces sentí que me venían ganas de llorar y me marché corriendo para que no me viera.

Ahora debo dejarte. Quiero escribir a aquel programa de televisión sobre los problemas de los jóvenes.

Besos,

Sammy (deprimida)

10 de junio

Querida Camila,
gracias por tu última carta. ¡Tienes mucha razón! Aunque Booth sea un profesor, es sobre todo un hombre y los hombres al final te abandonan en el momento en que más los necesitas. Tu consejo es mucho más convincente que el que me dieron los de la tele en una carta donde está escrito que los profesores van y vienen y que no tengo que preocuparme porque hay un montón de chicas que se enamoran del profe. ¿Me pregunto si Yo estoy enamorada de Booth? ¡Sólo porque fue fundamental en mi vida y me hizo entender lo importante que era salvar al mundo, sólo porque estoy enfadada y confusa por su marcha, esos idiotas tienen el valor de insinuar que estoy «colgada por él»! ¡No quiero saber nada más de la tele! ¡Nunca volveré a mirar sus programas!

De todos modos, después de haber leído tu carta he decidido que aunque él se vaya, yo no cambiaré mis ideales y mis ganas de luchar para realizarlos. Le dije a Booth que participaría en la maratón por las ballenas. Se trata de una especie de paseo interminable para protestar contra la caza de la ballena. Cada participante fija una cierta cuota por kilómetro y debe encontrar un cierto número de personas que lo esponsoricen y que paguen la cuota por cada kilómetro de marcha realizado. He intentado encontrar más participantes, pero parece ser que todos tenían otra cosa que hacer ese día. Precisamente estaba hablando con Jane, e intentando convencerla, cuando llegó Michael Hemmings, como de costumbre, aguzando las orejas. Lo ignoré, pero él, en lugar de hacer sus habituales comentarios idiotas, se acercó y me preguntó qué era aquello de la maratón. Le pregunté si realmente se interesaba por los cetáceos.

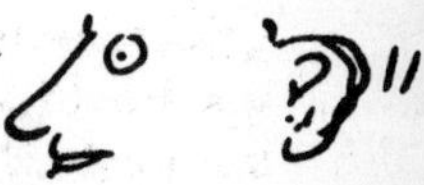

–Puede ser –contestó.

¡El mundo nunca dejará de asombrarse! Jane aprovechó enseguida para largarse, pero yo estaba demasiado atontada para darme cuenta.

–¿Michael Hemmings se preocupa por los cetáceos? –le pregunté turbada.

–¿Por qué no? –contestó–. Pero ¿es la vertiente sur o la norte de los cetáceos?

No había oído nunca esta distinción y respondí, por responder, que estaban en juego todos los cetáceos. No debió entender nada porque habló de cadenas montañosas. Tampoco yo entendía nada y comenté que él

nunca se había preocupado por el medio ambiente antes. Como a todos los demás les importaba un comino, le pregunté si quería participar en una maratón esponsorizada. Me dijo que si se trataba de espónsores, haría bien en dejar que se ocupara él (pensé que si Michael Hemmings había decidido ser útil, el mundo entero aceptaría hacer un donativo para esa causa). Se marchó y me quedé lívida: ¡por una vez Hemmings había demostrado ser un buen chico!

La manifestación está prevista para principios de julio... ¡No veo la hora de que llegue!

Gracias otra vez por tu carta. ¡Ah, me olvidaba! Por supuesto que iré a verte en agosto para conocer a Raúl.

Besos,

Sammy

PD: Te he nombrado nuestro espónsor y he fijado la cuota en 1 billete por kilómetro: mitad para mí y mitad para Hemmings. Como no creo que Hemmings resista los veinte kilómetros, probablemente al final tu donativo será sólo de 15 billetes.

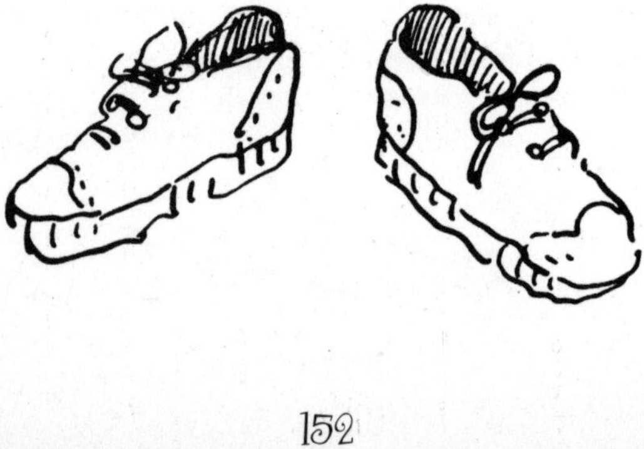

21 de junio

Querida Camila,
¡perdona si te lo digo, pero no pensaba que fueras tan tacaña! ¡Todos aquellos insultos por unos miserables billetes! Pero ¿has entendido o no que se trata de una buena causa? De todos modos, tal como me has dicho he bajado la donación: deberás pagar sólo cinco céntimos por kilómetro para mí y nada para Hemmings.

Sammy

PD: Y además, ¿cómo quieres que supiera que «habías roto las cuerdas amorosas que ataban a Raúl a tu corazón»?

7 de julio

Querida Camila,
te lo advierto: ésta podría ser la carta más larga que nunca se haya escrito. Tengo muchísimas cosas que contarte y no puedo esperar a que llegue agosto para contártelas en persona. ¡O sea que tómate una horita y esta vez intenta leer la carta con «atención»! (¡Menos mal que uso papel reciclado, pues sino hubieran tenido que talar todo un bosque para obtener todo el papel que necesito!) No sé ni por dónde empezar. Ya sé que no creerás una palabra de lo que te diré, pero todo es VERDAD, incluida la historia de las ovejas.

El domingo de la maratón por las ballenas llegué pronto al autocar para estar antes que Hemmings. A decir verdad, estaba casi convencida de que él no vendría. ¡Y en cambio llegó y casi no podía creerlo! Yo llevaba vaqueros y una camiseta y había cogido un jersey de papá. ¡Él, en cambio, iba equipado como un explorador: zapatos de montaña, mono térmico impermeable y mochi-

la! Cuando le advertí que quizá se había pasado, se ruborizó.

–Sabes, yo voy a menudo a andar por la montaña –me dijo.

¿Es increíble cómo puede uno equivocarse hasta con las personas que vemos todos los días?

Naturalmente, estaba también Booth. Llevaba un gorro de lana y pantalones gruesos. Se sorprendió de vernos a mí y a Hemmings juntos, pero no tenía ganas de darle ninguna explicación.

Subimos al autocar y me puse a contarle a Hemmings todo lo que hacía para mejorar el medio ambiente. Debía haberse acostado tarde porque bostezaba constantemente mientras le hablaba. Se recuperó cuando me levanté, y buscando en mi bolsa, que estaba encima de los asientos, sin querer le tiré encima el termo del café.

La salida de la maratón tenía que darla un artista de la naturaleza, un tipo disfrazado de nido con patas que, durante el viaje en autocar, nos contó un montón de cosas interesantes sobre las ballenas. Me di cuenta de que Michael miraba alrededor con aire asombrado. Fui a llevarle el pectoral y me preguntó: «Pero ¿dónde están los cetáceos?». Le contesté que estábamos en tierra firme. Me miró con extrañeza y me dijo que era yo quien le había hablado de los cetáceos.

–Por supuesto, cetáceos –dije yo–. Ballenas, cachalotes, delfines, Moby Dick. ¡Los cetáceos, Michael, despierta!

Se enfadó y me dijo que creía que había venido a dar un paseo por los montes Cetáceos.

Le dije que ya era hora de que estudiase un poco más de geografía, porque los montes Cetáceos no existían en ninguna parte del mundo y que, como máximo, daríamos un buen paseo por la colina. Se calmó, pero siguió murmurando «cetáceos» hasta que salimos con el resto de los participantes del aparcamiento y empezamos la marcha.

Después de un rato me preguntó por la longitud del recorrido. Le comenté que era una caminata de unos veinte kilómetros. Hizo una mueca y no volvió a hablar. De pronto me noté los pies hinchados y le pregunté a Michael cuánto camino habíamos hecho. Según él, sólo habíamos recorrido tres kilómetros.

Lo miré turbada. ¿TRES KILÓMETROS? ¡Imposible! ¡Hemos hecho sólo tres kilómetros y nos faltan aún diecisiete! Le pregunté si estaba seguro. Me dijo que no podía asegurarlo, pero que si le daba el mapa podría comprobarlo.

–Pero ¿no eras tú el que tenía que traer el mapa? –le pregunté furiosa.

Él también se enfureció y se puso a gritar que él pensaba que iba a los montes Cetáceos y que se había traído el mapa de senderos de los montes y que, de todos modos, el mapa de los montes Cetáceos no lo había encontrado.

–Y además ya se han ido todos –exclamé.

Él se puso aún más furioso y le comenté que si habíamos bajado los últimos del autocar, la culpa era suya.

–De todos modos –añadí–, siempre podemos alcanzar al grupo.

Me advirtió que los demás participantes habían avanzado tanto que ni siquiera los veíamos y que, gracias a mí, andábamos como caracoles paralíticos. Le dije que la culpa era suya porque me obligaba a pararme para discutir inútilmente. También le aclaré que el mapa daba igual, porque podíamos seguir las señales. Comenzó a lamentarse por no haber traído los silbatos y las mantas de emergencia, pero no le hice caso. Había un montón de flechas por todas partes que señalaban el recorrido y bastaba con seguirlas.

Sin embargo, más tarde cayó la niebla.

Pero ¿quién había organizado aquella maratón? ¿Un anormal? ¿Es posible que nadie hubiera hecho caso de las previsiones meteorológicas? Le dije a Michael Hemmings que, puesto que yo me había ocupado de los espónsores, lo menos que podía haber hecho él era echar una ojeada a las previsiones.

–Lo hice, pero yo esperaba que hablaran de los montes Cetáceos... –me contestó.

Le comenté que estaba harta de esa historia de los montes Cetáceos y que esa niebla no era normal para la temporada (no sé si era verdad, pero estaba harta de sus lamentos). Estaba a punto de decirle que esos cambios climáticos se debían al CFC, que infectaba el aire, cuando advertí que me estaba hundiendo en el barro hasta las rodillas. Grité enseguida para pedir ayuda, pero Hemmings pasó por mi lado y me miró sin decir nada. Si hubiera sido Indiana Jones, hubiera sacado el látigo y con un solo golpe me hubiera cogido por el brazo y sacado fuera. Sin embargo, como Michael Hemmings es sólo Michael Hemmings, dio una patada a una piedra y me preguntó cuándo pensaba acabar con esas quejas.

–¡Me estoy hundiendo en un pantano! –le grité.

Dio una patada a otra piedra.

–No es un pantano, es sólo un charco. Puedes salir sola.

Yo me afanaba hacia él.

–¡Sácame de aquí o te rompo la cabeza! –le amenacé.

Puso una cara maléfica y dijo que no tenía miedo, puesto que si no me sacaba no podría romperle la cabeza. Y además añadió:

–¡Y tampoco creo que sea tan difícil decir por favor!

Estaba desesperada.

–¡POR FAVOR, sácame de aquí antes que te rompa la cabeza!

Suspiró, se sacó la mochila de los hombros y me alargó la mano.

No estoy segura de cómo fueron realmente las cosas, pero creo que cogí su mano y tiré de ella antes que él estuviera listo. Me parece recordar que hizo una especie de baile para después precipitarse en el barro a mi lado. Cuando se limpió la cara, me miró sin decir una palabra. Me puse a reír... y no podía contenerme.

Durante unos instantes me miró como si quisiera descuartizarme, pero después también él se puso a reír. ¡Debíamos resultar cómicos, cubiertos de barro de la cabeza a los pies y muriéndonos de risa dentro de aquel charco!

Cuando nos calmamos, Michael dijo que había que salir de allí, me ayudó a salir y cogió una toalla de la mochila. Era un poco pequeña, pero al menos nos pudimos limpiar un poco.

Reanudamos la marcha. La niebla era espesa. Lo seguía paso tras paso; a decir verdad iba bien agarrada a su brazo. «Al fin y al cabo –pensé–, ¿para qué arriesgarme a acabar en otro agujero?»

Después de media hora, llegamos a un arroyo. Según Michael teníamos que ir hacia la izquierda porque el sendero bajaba y era más probable que condujera al valle, donde, habiendo ríos y refugios de todas clases, seguro que encontrábamos casas, calles y seres humanos. Me pareció una observación tan inteligente que me costó creer que viniera ni más ni menos que de Michael Hemmings. Tomamos aquella dirección y llegamos a un recinto de alambradas. Tras una breve discusión para saber si el alambre servía para impedir a la gente que entrara o para que algún animal, como por ejemplo un toro, saliera, decidimos saltarlo. Michael pasó delante y, después, bajó el alambre para ayudarme a pasar. Fue en aquel momento que lo cogí por la cintura. Él me lanzó una mirada turbada y estaba a punto de decir algo cuando se percató de MI mirada.

–Mira allí –le dije–. ¡Estate quieto, no muevas ni un músculo!

Imagino que la niebla era una nube baja porque, mientras Michael se inclinaba para

que yo pasara, en medio segundo la niebla se disolvió y pude ver lo que Hemmings estaba viendo. Estaba en equilibrio en un «precipicio». Mil kilómetros más abajo había un charco de agua azul.

Michael se quedó con la boca abierta de miedo.

–Es una cantera –susurró–. Escucha..., retrocede poco a poco.

Le pregunté si tenía que soltarlo porque lo tenía cogido por la cintura, pero me dijo que No y también a mí me pareció una buena idea.

Di un paso hacia atrás y la tierra, bajo sus pies, se movió. Solté su cintura y lo cogí por la mochila que llevaba en los hombros. Hicimos un concurso para ver quién gritaba más fuerte. Yo le agarraba por la mochila y tiraba, gritaba no sé qué, y no sabía qué hacer... Pero de repente nos encontramos lejos del borde del barranco y abrazados el uno al otro.

Está claro: ¡«él» me abrazaba a mí! Yo sólo intentaba reconfortarlo y tranquilizarlo como una hermana mayor.

Me dio las gracias con un débil hilo de voz. Le contesté que el peligro había pasado y me dijo que si no hubiera cogido la mochila, él... Lo miré y le dije que me había visto obligada a hacerlo. Me preguntó por qué.

–Porque dentro están los bocadillos –respondí.

Luego empezó a llover.

Bajábamos de la colina cogidos de la mano. Después de todo lo que había pasado me parece normal, ¿no?

Llovía cada vez más y Michael me ofreció su chaqueta impermeable. Le dije que se la quedara, que en el fondo era yo la que no había venido bien equipada. Se quedó con la chaqueta pero no se puso la capucha. ¿No te parece un gesto un poco tonto?

Después de andar horas y horas, llegamos a una caseta. Parecía una especie de depósito en mal estado pero tenía techo, es decir, casi todo el techo. La puerta estaba cerrada sólo con un trozo de cuerda y pudimos entrar sin problemas. No había ventanas, la puerta cerraba mal y el techo estaba lleno de agujeros. Llovía dentro, pero conseguimos encontrar un sitio seco y hasta un poco de paja sobre la que sentarnos. Michael inspeccionó el lugar y dijo que debía de ser una especie de redil donde metían a las ovejas cuando hacía mal tiempo. Lo miré mal.

Seguía lloviendo furiosamente. Le dije que cuando hacía un tiempo así, prefería estar en la cama leyendo un buen libro. Según él, en cambio, aquél era el mejor tiempo para salir a pasear, porque sobre la nieve virgen están sólo tus huellas, como le pasaba a Robinson Crusoe, y llegas a pensar que eres el único hombre que ha sobrevivido (yo sabía que Robinson Crusoe dejaba las huellas en la ARENA, pero Michael estaba tan sumergido en sus fantasías que no me atreví a corregirlo). Me habló de las caminatas que había hecho en Escocia y te juro que, en otro momento, lo hubiera encontrado idiota, pero en aquel instante, sentado en aquella barraca semidestruida, lo escuché y hasta llegué a imaginar qué se experimentaría andando por Escocia.

Después, seguramente, me dormí y cuando me desperté vi que Michael hurgaba en la mochila. Miré el reloj. Eran las tres. ¡Qué horror! El autocar se marcharía a las cinco sin nosotros ¿y quién nos salvaría?, ¿dónde acabaríamos? Debí decirlo en voz alta, porque Michael respondió: «Creo que donde estamos ahora». Me pasó un bocadillo. Y me comí la mitad antes de darme cuenta de qué estaba haciendo.

Escupí el bocado

–¡Pero si es hígado! –exclamé.

No se alteró lo más mínimo y se disculpó diciendo que pensaba que me había dado el bocadillo con pasta de cacahuetes.

Me encontraba mal.

–¡Me has hecho comer hígado! –le grité.

Pero él estaba tranquilo, como si no pasara nada y dijo que por un poco de hígado no me moriría.

–¡No entiendes nada, idiota, cabeza hueca, anormal! ¡Es carne! Algún loco sanguinario ha matado a un pobre animal indefenso para sacárselo...

Suspiró, me quitó el bocadillo de la mano y lo volvió a envolver en el papel, diciendo que más tarde resultaría útil. Yo temblaba y él, después de un rato de verme batir los dientes más bien ruidosamente, me preguntó si tenía frío.

–¡Pero-mira-que-eres-imbécil! –grité, lanzándole una de mis famosas miradas.

Se levantó y dijo que tenía el saco de dormir en la mochila. Le lancé otra de mis famosas miradas.

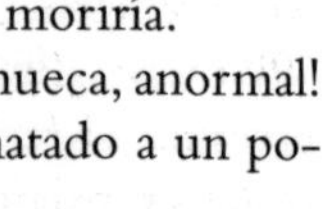

–No-pensarás-hacer-lo-que-creo-que-vas-a-hacer-¿verdad?

–Perdona... –balbució–. Perdona, pero tienen cremallera de punta a punta..., se puede abrir todo.

Intenté ser lo más amable posible cuando le aclaré que si realmente pensaba en meterse en el mismo saco que yo era mejor que supiera que prefería morir aterida. Suspiró y me dijo que podía quedármelo entero.

¿Y por qué no? Al fin y al cabo era culpa suya si nos habíamos perdido, era él el que me había hecho caer en el charco y era yo quien le había salvado su estúpida vida. Lo miré y vi que también él temblaba. Volví a pensarlo.

–¡Que quede claro! ¡Espalda con espalda! –dije.

Debo decir que se estaba de maravilla dentro con el calor del saco. Le comenté que era un saco estupendo. Me contestó que era un plumón de primera calidad. ¿Plumón? ¿Plumas? ¡Pájaros! Me senté de golpe y le pregunté si realmente alguien había tenido el valor de matar un pájaro sólo para sacarle las plumas.

Me dijo que no tenía la más mínima idea, que quizá los pájaros pierden las plumas como las ovejas el pelo. Añadí que las gallinas no se dejan desplumar y que para hacerlo antes hay que matarlas, porque si no se ponen de acuerdo y se rebelan. Intentó justificarse aclarándome que no eran plumas de gallina sino de oca. Le dije que era lo mismo, pero él añadió que las de oca calientan mucho más. Le repliqué que no era verdad y que de todos modos no veía ninguna diferencia. La cuestión era que se había matado a un animal...

Me interrumpió para preguntarme cuándo pensaba dejar de meterme con él por cualquier cosa.

¿YO METERME CON ÉL?

Le pregunté si se había vuelto loco. «Sammy –contestó (era la primera vez que me llamaba por mi nombre)–, lo peor de ti es que nunca entiendes cuándo ha llegado el momento de parar.»

Me preguntó por qué no hablaba nunca de las cosas normales de que hablan todas las demás chicas. «Y cuáles son esas cosas normales –pensé; y le pregunté–. ¿Por ejemplo?»

Pensó un poco y contestó que no lo sabía, pero que suponía que eran las cosas de que hablan siempre Carol y Zoe: vestidos, canciones, películas, televisión y cotilleos sobre ésta y aquélla. Le dije que yo también hablaba de aquellas cosas. Según él no era verdad porque me había oído hablar siempre y exclusivamente de medio ambiente y de ecología. ¡Para no dar crédito!

Le comenté que el medio ambiente y la ecología son cosas importantes. Él me interrumpió enseguida para decirme que estaba de acuerdo, pero también añadió:

–Son importantes, pero no son todo.

Tuve una terrible sospecha y le pregunté dónde quería ir a parar. Soltó algún centenar de «bien... boh... bueno... yo» antes de confesar la verdad.

–¿Nunca has pensado en tener un novio? –me preguntó.

–¿Estilo Giles, quieres decir? –dije después de reflexionar.

–No, no estilo Giles –respondió, y se giró de espaldas, diciéndome que de todos modos no era importante y que quizás era mejor dormir un poco.

Y en cambio yo me puse a pensar en ello y entendí que con sus maneras idiotas de siempre me estaba pidiendo si quería salir con él. Naturalmente, ni se me había ocurrido..., pero en el fondo me había hecho un cumplido. Conocía a un montón de chicas a las que no le hubiera importado salir con Michael. De todos modos, yo ya no quería saber nada más de chicos, había tenido una experiencia desastrosa con G W-C y era la presidenta del NOTH, y ya tenía bastante con las iniciativas en defensa del medio ambiente. Pero quién sabe, si él hubiera estado dispuesto a echarme una mano... En el fondo no era tan feo y, además, llega a ser incluso simpático cuando no dice estupideces y no hace alguna de sus idioteces... Creo que incluso hay chicas dispuestas a jurar que Michael Hemmings es un buen partido. Me giré hacia el lado y, de repente, ¡él me dio un beso apasionado! No sabía qué hacer. Naturalmente, hubiera tenido que romperle en dos la cabeza con una piedra, pero, al fin y al cabo, había sido amable conmigo y, a decir verdad, se estaba muy bien dentro del saco, con el calor, medio dormida, con Michael lavándome la cara a base de besos apasionados. Me chupó la nariz y me hizo sonreír.

–Para ya, que me haces cosquillas, Michael –le dije.

–Beee, beee... –dijo.

Abrí los ojos, me senté y la oveja que me estaba lamiendo la cara salió corriendo de la caseta, presa del pánico. ¡UNA OVEJA! Busqué a Michael pero ya no estaba. Me quedé paralizada de terror, pero después oí voces y un motor que se acercaba. Michael volvió a la caseta y cogió la mochila.

–¡Muévete de una vez –me ordenó, sacándome del saco al que estaba aferrada– o nos dejan aquí para siempre!

–¿Cómo? –pregunté, mientras él me arrancaba del saco y salía corriendo como un cohete.

Cogí mis cosas y lo seguí. La niebla se había despejado. A doscientos metros de distancia, a los pies de la colina, estaba el aparcamiento del que habíamos salido y el autobús estaba precisamente allí con las luces y el motor ya encendidos.

Michael tuvo al menos el detalle de esperarme delante de la puerta del autocar y me hubiera dado prisa incluso sin su comentario: «¿Llegarás hoy, caracol semiparalítico?». Los demás participantes se reían como imbéciles y yo me sentía completamente estúpida. El conductor nos miró mientras subíamos.

–¿Y vosotros dos dónde estabais? –nos preguntó.

Le dije que nos habíamos perdido en la niebla.

¡Sonrió con malicia y dijo que ahora Michael debería casarse conmigo!

Booth estaba sentado en la primera fila y empezó a

hacer un ruido nasal horripilante. Necesité al menos un minuto para entender que se estaba riendo a carcajadas.

¿No piensas tú también que a veces los adultos son auténticos idiotas?

Besos,

Sammy

PD: He tardado toda una vida en escribir esta carta y hasta me duele el brazo. ¡Espero que apreciarás el esfuerzo!

PPD: ¡No tienes que pagar nada por la maratón porque no hemos llegado a la meta!

PPPD: ¡No le digas a NADIE, pero a NADIE, lo que te he contado!

17 de julio

Querida Camila,

¡Hurra! ¡Ha sido el último día de colegio! ¡Me esperan semanas y semanas de libertad! (¡Es una manera de hablar, porque como de costumbre nos han dado una montaña de deberes!)

Como era el último día, Adolf, el director, ha anunciado a todos que Booth se marcha y ha hecho un largo discurso para agradecerle su increíble contribución a la escuela. Estoy segura de que Adolf no sabe ni siquiera que es realmente un gran hombre ni de las cosas buenas que es capaz de hacer. La clase le ha regalado a Booth una pluma, que era lo mínimo que podíamos hacer por haberle quitado al menos seis años de vida. Carol (la Gran Víbora) le ha preguntado al profe qué es lo que echaría más de menos del colegio. Ha contestado que era difícil de decir, porque debía escoger entre las noches de insomnio y los insultos constantes de los estudiantes. Ha prometido que seguiría interesándose por nosotros y ha jurado que miraría cada semana el telediario para estar informado de nuestras fechorías.

¡Por supuesto, estaba bromeando! ¡Al menos yo lo he entendido así! De todos modos, sentí mucho verlo marcharse y pienso que también los demás estaban disgustados... Hasta Michael Hemmings parecía amohinado, pero como no le he vuelto a hablar después de la historia de la maratón (tengo la impresión de que hace todo lo posible para evitarme), no sé si lamenta que Booth se marche o si tenía algún otro problema.

Hemos salido media hora antes y, por eso, he tenido tiempo de escribirte una carta rápida. ¡No veo la hora de ir a verte! Al fin podremos cotillear libremente y estoy ansiosa por conocer a Dominic, siempre y cuando no hayas cortado con él cuando yo llegue. (¡Ay, pillina....!) Tengo tantas cosas que contarte que a duras penas puedo acabar la carta.

Han llamado a la puerta, voy a abrir.

Besos,

Sammy

PD: MUCHO, MUCHO tiempo después...

No puedes imaginarte quién estaba en la puerta... ¡Michael Hemmings! ¡Increíble! Por una vez se ha presentado vestido decentemente: camisa dentro de los pantalones, zapatos limpios, etcétera... ¡Parecía casi un ser humano!

Ha dicho «Hola» y después se ha quedado en el umbral, inmóvil como una estatua. No quería dar a los ve-

cinos motivos para reírse y por eso lo he hecho entrar. Hemos ido al salón y nos hemos sentado en el sofá. Le he preguntado si quería un café. Ha dicho que no.

–¿Y una taza de té?

Ha dicho que no.

–¿Y una Coca-Cola? –Otra vez que no.

Estaba ya harta de él y por eso me he quedado sentada, observándolo, mientras inspeccionaba la habitación con la mirada. Al final me ha mirado de nuevo y me ha dicho:

–Bonita.

No estaba segura de si hablaba de mí o de la casa, pero ya que en el salón estaba el macramé de mi mamá, aquel horrible burrito de peluche de mi hermana, y los crucigramas de papá, como siempre bien visibles encima de la mesa, sabía que en una escala del 1 al 10 de buen gusto, mi salón hubiera obtenido una puntuación de –1000. O sea que a la fuerza hablaba de mí cuando dijo: «Bonita».

–Gracias –contesté.

¡Empezó a balbucear y a ponerse rojo! Dijo que no quería... que había estado tan bien «aquella vez...». Cuando lo fulminé con la mirada se calló. Se pensaba que iba a consentirle hablar de aquella horrible experiencia en la caseta...

–Si te atreves a decirle a alguien que hemos compartido el mismo saco de dormir –lo amenacé–, ¡te coseré la boca para siempre!

–¡Juro que no lo haré nunca! –me contestó, asustado.

Le dije que estaba segura de que ya lo había difundido todo entre sus amigos, pero él juró que no lo había hecho. Después cambió de tema y me comentó que había venido por el dinero de la maratón. Le conté que no habíamos recogido ni siquiera un donativo porque no habíamos llegado a la meta.

Asintió, me contó que había ido a ver al organizador y que le había enseñado en el mapa el punto al que habíamos llegado. Según ese tipo habíamos hecho más de ocho kilómetros. Seguía sin entender nada.

–¿Y entonces? –le pregunté.

–He firmado el certificado de participación y he escrito que habíamos hecho ocho kilómetros de maratón –sonrió Michael.

Empezaba a hartarme.

–¿Y entonces? –le pregunté otra vez.

Contestó que había ido a ver a todos los espónsores que yo había encontrado y que había recogido una buena suma. Naturalmente no era lo que hubiéramos ganado si hubiéramos completado el recorrido, pero alguno había donado más de lo que había prometido y, por eso, estábamos muy cerca de la suma prevista. (¡Para empezar, tú me debes 40 céntimos!)

–Aquí está el dinero –concluyó, volcando sobre la mesa una de esas bolsas de tela que usan en los bancos para transportar el dinero.

No sabía qué decir. Hubiera querido hundirme en el sofá y quedarme escondida hasta que Michael se hubiese marchado. Notaba que me estaba poniendo roja y tenía una especie de nudo en el estómago.

Pero lo mejor todavía no había llegado...

–Y además... –continuó, respirando hondo– he venido a preguntarte si querías ir al cine conmigo esta noche.

Una voz estilo Minnie (y como no había nadie en casa excepto él y yo, debía ser la mía) le preguntó a Michael qué película daban.

Contestó que en el Odeón daban una película sobre un chico que era raptado por una tribu de indios en la selva amazónica.

Hemos ido al Odeón. Michael se había equivocado de horario y la película del chico raptado por los indios ya había empezado. Al final vimos un western, pero no importa. Cuando hay amor...

Besos,

Sammy

[illegible]

[illegible]

[illegible]

Depósito legal [illegible]

[illegible]

ISBN [illegible]

Título de la edición original:
I Fell in Love with a Leather Jacket
Traducción del inglés: M.ª Ángeles Cabré,
cedida por Mondadori (Grijalbo Mondadori, S. A.)
Diseño: Eva Mutter
Ilustración: IDEE

Círculo de Lectores, S. A. (Sociedad Unipersonal)
Travessera de Gràcia, 47-49, 08021 Barcelona
www.circulo.es
5 7 9 10 12 8 6

Licencia editorial para Círculo de Lectores
por cortesía de Mondadori (Grijalbo Mondadori, S. A.)

Depósito legal: B. 44964-2001
Fotocomposición: Víctor Igual, S. L., Barcelona
Impresión y encuadernación: Printer industria gráfica, s. a.
N. II, Cuatro caminos s/n, 08620 Sant Vicenç dels Horts
Barcelona, 2001. Impreso en España
ISBN 84-226-9150-7
N.º 21469 A